REGINA MAUÉS MACHADO

EXERCÍCIOS DE ITALIANO

Material de apoio para estudantes de língua italiana dos cursos básico e intermediário

14ª REIMPRESSÃO

*Àqueles que me ensinaram,
àqueles que comigo gostaram de aprender.*

© 2011 Regina Maués Machado
Preparação de texto: Juliane Kaori / Verba Editorial
Assistente de produção: Noelza Patricia Martins
Arte: Crayon Editorial
Capa e projeto gráfico: Alberto Mateus

Dados Internacionais de Catalogação na Publicação (CIP)
(Câmara Brasileira do Livro, SP, Brasil)

Machado, Regina Maués
    Exercícios de Italiano / Regina Maués Machado. – Barueri, SP : DISAL, 2011.

    ISBN 978-85-7844-070-1

    1. Italiano – Estudo e ensino I. Título.

11-00145   CDD-458.07

Índices para catálogo sistemático:
1. Italiano : Estudo e ensino 458.07

Todos os direitos reservados em nome de:
Bantim, Canato e Guazzelli Editora Ltda.

Al. Mamoré, 911 - sala 107, Alphaville
06454-040, Barueri - SP
Tel./Fax: 55 11 4195-2811

Visite nosso site: www.disaleditora.com.br

VENDAS
Televendas: (11) 3226-3111
Fax gratuito: 0800 7707 105/106
E-mail para pedidos: comercialdisal@disal.com.br

Nenhuma parte desta publicação pode ser reproduzida, arquivada ou transmitida de nenhuma forma ou meio sem permissão expressa e por escrito da Editora.

APRESENTAÇÃO

PLANEJADA COMO MATERIAL DE APOIO para estudantes de língua italiana dos cursos básico e intermediário, esta coleção de exercícios oferece a possibilidade de rever sinteticamente os pontos gramaticais essenciais, de fixar estruturas importantes presentes nos mais variados métodos de língua estrangeira e de rever vocabulário imprescindível no dia a dia de quem precisa se comunicar em italiano em curto espaço de tempo. O livro de respostas permite reflexão e reavaliação imediata do material estudado.

Os símbolos (♦♦♦) encontrados no início dos exercícios servem para distingui-los em três graus de dificuldade na abordagem de um mesmo elemento linguístico-gramatical.

SOLO ESERCIZI
(Con le chiavi)

1 Aggettivi e nomi

> - parola singolare maschile che finisce in **o** fa il plurale in **i**. Es.: libr*o*, libr*i*
> - parola singolare femminile che finisce in **a** fa il plurale in **e**. Es.: tazz*a*, tazz*e*
> - parola singolare maschile o femminile che finisce in **e** fa il plurale in **i**. Es.: direttor*e*, direttor*i*; canzon*e*, canzon*i*

I. Completa:

1. la penna – le penn ____
2. la gomma – le gomm ____
3. il ragazz ____ – i ragazzi
4. la professoress ____ – le professoresse
5. la porta – le port ____
6. il tavol ____ – i tavoli
7. la donna – le donn ____
8. il bambino – i bambin ____
9. la macchina – le macchin ____
10. la stori ____ – le storie

II. Completa:

1. la lezione – le lezion ____
2. la canzone – le canzon ____
3. il professore – i professor ____
4. ____ il parco – i parch...
5. la luce – le luc ____
6. l'azione – le azion ____
7. l'opinione – le opinion ____
8. la guerra – le guerr ____
9. il paziente – i pazient ____
10. la funzione – le funzion ____

III. Completa adesso le frasi:

1. I direttor____ sono gentil____
2. Le bambin____ sono grass____
3. Le spiagg____ sono inquinat____
4. Il vin____ è cattiv____
5. Gli alber____ sono alt____
6. Il fior____ è piccol____
7. Le lezion____ sono facil____
8. Lo stadi____ è grand____
9. La stori____ è ottim____
10. Le canzon____ sono bell____

2 *Questo* e *quello*

SINGOLARE	PLURALE
questo (a) qui (qua)	questi (e)
quello (a) lì (là)	quelli (e)

Es.: *Questo qui* è il mio quaderno. *Queste qui* sono le mie gomme.
   Quelli lì sono i miei alunni. *Quelle là* sono le mie cugine.

I. Completa:

1. "Chi è _____ donna là?"
2. "_____ lì è tuo fratello?"
3. "_____ signora lì è tua madre?"
4. "Di chi sono _____ libri qui?"
5. "Le tue matite sono _____ o quelle?"
6. "_____ qua sono le tue scarpe?"
7. _____ qui è il mio amico.
8. _____ là è Rosa.
9. "_____ donne là chi sono?"
10. La mia casa è _____ lì.

3 Articoli determinativi

> Maschili: **il, i, l', gli, lo, gli**
> - **il, i** prima di parole che cominciano per consonante
> - **l', gli** prima di parole che cominciano per vocale
> - **lo, gli** prima di parole che cominciano per *s* impura o *z*
> - Es.: *il* gatto, *i* gatti; *l'*alunno, *gli* alunni; *lo* spettacolo, *gli* spettacoli; *lo* zio, *gli* zii
>
> Femminili: **la, le, l', le**
> - **la, le** prima di parole che cominciano per consonante
> - **l', le** prima di parole che cominciano per vocale
> - Es.: *la* scuola, *le* scuole; *l'*alunna, *le* alunne

I. Inserisci l'articolo corretto:

1. _____ porta
2. _____ telefono
3. _____ lasagna
4. _____ porto
5. _____ bellezza
6. _____ incertezza
7. _____ allegria
8. _____ scoperta
9. _____ indirizzo
10. _____ cammino

II. Come sopra:

1. _____ prezzi
2. _____ date
3. _____ dati
4. _____ motivo

5 ____ espressione
6 ____ lezioni
7 ____ armadi
8 ____ calze
9 ____ anelli
10 ____ Istituto

III. Completate:

1 ____ spuntino
2 ____ stampante
3 ____ frutta
4 ____ sport
5 ____ esercizi
6 ____ amore
7 ____ orologi
8 ____ computer
9 ____ telefoni
10 ____ soldi

IV. Come sopra:

1 ____ arancia
2 ____ banana
3 ____ pere
4 ____ salsiccia
5 ____ aula
6 ____ scuole
7 ____ sala
8 ____ studente
9 ____ spazio
10 ____ lezioni

V. Completa ancora con gli articoli:

1. _____ famiglia sta bene.
2. _____ vino non è buono.
3. _____ case sono nuove.
4. _____ borse sono sulla sedia.
5. _____ finestre sono aperte.
6. _____ pasta è pronta.
7. _____ dottori sono qui.
8. _____ signore sono grasse.
9. _____ palazzo è alto.
10. _____ piscina è grande.

ATTENZIONE AD ALCUNE ECCEZIONI:

- la mano – le mani; il braccio – le braccia; il lenzuolo – le lenzuola
- il dito – le dita; l'uovo – le uova
- la tesi – le tesi; l'analisi – le analisi
- la città – le città; l'università – le università
- il bar – i bar; il caffè – i caffè

VI. Completa con attenzione:

1. il labbro sottile – le labbr___ sottil___
2. la mano grande – le man___ grand___
3. il braccio lungo – le bracci___ lunghe
4. il dito corto – le dit___ corte
5. l'uovo cotto – le uov___ cotte
6. ___ labbra inferior___ – il labbro inferiore
7. ___ dito della man___ – ___ dit___ delle man___
8. le mani piccole – la man___ piccola
9. le bracci___ forti – il braccio fort___
10. le man___ destre – la mano destra

4 Articoli indeterminativi

Maschili: **un, uno** (singolare)
Es.: *un* bambino, *un* uomo, *uno* studente (*s* impura), *uno* zio (*z*)
dei, degli (plurale)
Es.: *dei* bambini, *degli* uomini, *degli* studenti, *degli* zii

Femminili: **un', una** (singolare)
Es.: *un'*amica, (vocale) *una* donna
delle (plurale)
Es.: *delle* amiche, *delle* donne

I. Completa:

1. "Hai _____ matite da prestarmi?"
2. Marco è _____ uomo elegante.
3. Compro _____ pacchetto di sigarette e _____ fiammiferi.
4. Sei _____ ottima alunna.
5. È _____ studente speciale.
6. Marta e Luisa sono _____ ragazze straniere.
7. Ho bisogno di _____ nuova opportunità.
8. Presentano _____ argomenti interessanti.
9. Oggi non è _____ bel giorno.
10. "Avete _____ riviste?"

II. Come sopra:

1. In questa classe c'è _____ ragazza tedesca.
2. In giardino ci sono _____ margherite.
3. "La casa ha _____ piscina grande?"
4. In cucina non c'è neanche _____ forno.
5. Arrivano oggi _____ nuovi clienti.
6. Facciamo _____ nuova lettura.

7 Compriamo _____ zaini grandi.

8 _____ amica di Carmen studia in questa scuola.

9 Hanno _____ motivi forti per partire.

10 Studiano _____ possibilità per risolvere il problema.

III. Come sopra:

1 _____ idea brillante ha avuto il presidente.

2 _____ storia così sembra incredibile.

3 Conoscono _____ ospiti all'albergo.

4 Si presentano _____ candidati al posto.

5 Ascolto _____ cassette di musica jazz.

6 Visitano _____ stadio in città.

7 Qui passano _____ alunni.

8 "Prendete _____ dolci a colazione?"

9 Mi da spesso _____ caramelle.

10 Usa _____ arma terribile.

5 L'uso di *bello* e di *quello* davanti ai nomi

bel camino (consonante)   *bella* voce (consonante)
bei camini   *belle* voci
bello spettacolo ("s" o z)
*bell'*occhio (vocale)   *begli* spettacoli *bell'*attrice (vocale)
begli occhi   *belle* attici
ma,
camino *bello*; spettacolo *bello*; occhi *belli*, attrici *belle*...
Es.: "Che ragazzo bello!" **ma**, "Che bel ragazzo!"

I. Completa:

1 "Che _____ occhi!"

2   In questo museo ci sono _____ quadri.
3   Gianna è veramente una _____ ragazza.
4   Quel direttore prepara sempre_____ spettacoli.
5   In questa città c'è un _____ zoo.
6   "_____ quelle ragazze, no?"
7   "È un _____ uomo!"
8   Quegli alberi sono _____
9   È la prima volta che vediamo fiori così _____
10 Avete dei _____ bambini.

---

quel dizionario (cons.)
quei dizionari   *quello* zingaro ("s" o z)   *quella* testa (cons.)
quegli zingari   *quelle* teste
*quell'*orologio (voc.)   *quegli* orologi
*quell'*erba   *quelle* erbe
ma,
L'uomo è *quello*. Gli amici sono *quelli*. Lo zingaro è *quello*. Quell'uomo è uno zíngaro.

II. Completa:

1   "Chi è _____ uomo?"
2   "Le sue calze sono _____ ?"
3   " Di chi è _____ zainetto?"
4   "Sapete chi sono _____ stranieri?"
5   Vogliamo scoprire chi è _____ donna.
6   "Potete dirmi chi sono _____ ragazzi?"
7   "A che ora mi portate _____ documenti?"
8   _____ attrici sono bravissime.
9   _____ orologio va avanti.
10 "Da quanto tempo non vediamo _____ gente!"

6 Verbo essere (presente dell'indicativo)

Essere: io sono, tu sei, Lei è, lui è, lei è, noi siamo, voi siete, loro sono

I. Completa:

1. Io _____ di Madrid.
2. I miei genitori _____ di Rio.
3. Marta _____ spagnola.
4. Noi due _____ insegnanti.
5. "Tu _____ professore?"
6. Carlo _____ qui.
7. "Tu e la tua ragazza _____ cantanti?"
8. "Lei, signore, _____ straniero, vero?"
9. "Di dove _____ Giovanni?"
10. "Qual _____ il tuo cognome?"

II. Come sopra:

1. "Lei _____ di Milano, signora?" "No, _____ di Torino."
2. "_____ americani, signori?" "No, _____ inglesi."
3. "Di dove _____, ragazzi?" "_____ di Buenos Aires."
4. "I direttori _____ di qui?" "No, non _____ di questa città."
5. "Le bambine _____ a scuola?" "No, _____ a casa."
6. "_____ brasiliano, Luis?" "Sì, _____ brasiliano di Santa Catarina."
7. "_____ bella la tua città?" "Sì, _____ bellissima."
8. "_____ questi i tuoi guanti?" "Sì, _____ miei."
9. "Tu chi _____?" "_____ un suo alunno, professoressa."
10. "Di dov'_____, signorina?" "_____ italiana."

7 Verbo avere (presente dell'indicativo)

Avere: io ho, tu hai, Lei ha, lui ha, lei ha, noi abbiamo, voi avete, loro hanno

I. Completa:

1 "_____ una casa o un appartamento, signori?"
2 Io e mia sorella _____ molto in comune.
3 "Che età _____ i tuoi genitori?"
4 Io non _____ la minima voglia di lavorare oggi.
5 Tu _____ bisogno di molti soldi.
6 "Bambine, _____ molti compiti per domani?"
7 Luca e Lucio non _____ molto tempo libero.
8 "Chi _____ un gatto a casa?"
9 Mio zio _____ una macchina nuova.
10 "Signora, Lei _____ la piscina a casa sua?"

II. Completa ancora con il verbo *avere*:

1 "_____ una penna da prestarmi, Lucia?" "Sì, eccola."
2 "Avete i biglietti?" "No, purtroppo non _____ nessun biglietto."
3 "Le professoresse _____ una riunione?" "Sì, _____ due riunioni."
4 "Tu e i tuoi compagni _____ lo stesso insegnante?" "No, _____ insegnanti diversi."
5 "Chi di voi _____ una caramella da offrirmi?" "Mario _____ delle caramelle."
6 "Abbiamo ancora tempo?" "Sì, _____ ancora alcuni minuti."
7 "Quante lettere avete ancora da rispondere?" "_____ solo due lettere."
8 "_____ la bicicletta?" "No, ma ho la macchina."
9 "_____ per caso il numero di telefono della direttrice?" "Sì, abbiamo tutto."
10 "Gli stranieri _____ problemi qui?" "No, non _____ problemi."

III. Come sopra:

1. Non importa molto chi _____ ragione o chi _____ torto.
2. Lucio _____ tante cose da fare.
3. "Le bambine _____ freddo. Copriamole!".
4. Mio marito _____ un mal di testa terribile.
5. I professori non _____ pazienza.
6. Non posso aspettare. _____ fretta.
7. "Di che cosa _____ paura, bambini?" "Dei fantasmi!"
8. Loro non _____ il coraggio necessario per prendere la decisione.
9. "_____ fame?" "No, abbiamo molta sete."
10. "Cosa _____ voglia di fare, signorina?" "_____ voglia di riposare."

8 Presente dell´indicativo. Verbi regolari (are, ere, ire)

Verbi in **are:** (*o, i, a, iamo, ate, ano*)

Es.: **lavare**: io lav*o*, tu lav*i*, lui lav*a*, noi lav*iamo* voi lav*ate*, loro lav*ano*

I. Completa con i verbi tra parentesi:

1. Maria _____ il pane tutti i giorni qui. (comprare)
2. I bambini _____ a calcio la mattina. (giocare)
3. Luigi _____ il tedesco senza molta difficoltà. (imparare)
4. "Carla, dove _____ l'inglese?" (insegnare)
5. "Tu e la tua ragazza _____ spesso in ristorante?" (cenare)
6. "Quando _____ i tuoi genitori?" (arrivare)
7. "A che ora _____, signor Masi?" (pranzare)
8. "Ragazzi, che tipo di musica _____?" (ascoltare)
9. Luigi non _____ le sue chiavi. (trovare)
10. Le maestre _____ le lezioni. (preparare)

ATTENZIONE ALLA SILLABA FORTE!

Ex.: telefonare (io teléfono, tu teléfoni...); abitare (io ábito, tu ábiti...); desiderare (io desídero, tu desíderi...); dimenticare (io diméntico)

ATTENZIONE ANCHE AI VERBI IN *CARE*, COME CERCARE, E *GARE*, COME PAGARE!

Ex.: Io cerco, tu cer*chi*, lui cerca, noi cer*chi*amo, voi cercate, loro cercano
Ex.: Io pago, tu pa*ghi*, lui paga, noi pa*ghi*amo, voi pagate, loro pagano

II. Completa:

1. "Da quanto tempo _____ nel tuo indirizzo attuale?" (abitare- tu)
2. "Loro non mi _____ mai!" (telefonare)
3. "_____ tutti e due, tu e tuo marito?" (lavorare)
4. Io, la TV, la _____ raramente. (guardare)
5. "Quanto _____ d'affitto, signora?" (pagare)
6. Tu mi _____ molto. (mancare)
7. "Chi _____, Laura?" (cercare)
8. Noi _____ bene tutta la grammatica. (spiegare)
9. Carlo, perché _____ sempre di portare il libro?" (dimenticare)
10. Noi _____ bene chi fa questo lavoro. (gratificare)

ATTENZIONE AI VERBI CHE HANNO LA *I* NELLA RADICE!

Es.: **mangiare**: io mang*io*, tu mang*i*, lui mang*ia*, noi mang*ia*mo, voi mang*ia*te, loro mang*ia*no

III. Come sopra:

1. "Cosa _____ tu e i tuoi fratelli?" (studiare)
2. "Perché noi non _____ insieme questa sera?" (mangiare)
3. "A che ora _____ le lezioni?" (cominciare)
4. "_____ le vostre mamme tutti i giorni?" (baciare)
5. Ti _____ forte! (abbracciare) (io)

6 "Chi _____ i piatti oggi?" (lavare)
7 "Voi _____ bene?" (cucinare)
8 Io non _____ il nome del candidato. (ricordare)
9 Tu non _____ quanto tempo si perde! (immaginare)
10 Noi _____ questi fogli per il prossimo periodo. (conservare)

> Verbi in **ere**: (*o, i, e, iamo, ete, ono*)
> Es.: **prendere**: io prend*o*, tu prend*i*, lui prend*e*, noi prend*iamo*, voi prend*ete*, loro prend*ono*
> Attenzione: **bere**: io bevo, tu bevi...

IV. Completate:

1 "Paolo, _____ un po' di caffè?" (bere)
2 Noi _____ molte lettere ai nostri amici. (scrivere)
3 "Signori, _____ l'autobus o il tram?" (prendere)
4 Io _____ 10 chilometri ogni giorno. (correre)
5 "Quanto _____ al supermercato la tua famiglia?" (spendere)
6 Loro non _____ la luce quando arrivano. (accendere)
7 "Perché voi non _____ alle e-mail che _____?" (rispondere / ricevere)
8 La professoressa non _____ gli esercizi. (correggere)
9 Luca _____ perché il suo gattino è morto. (piangere)
10 "Perché non andiamo a casa e _____ quel film?" (vedere)

V. Come sopra:

1 _____ la TV per vedere il telegiornale. (io) (accendere)
2 "_____ con noi, Marcello?" (scendere)
3 Non _____ l'ora che arrivino le ferie. (io) (vedere)
4 "Ma tu _____ a quello che dice lui?" (credere)
5 "Scusami, cara, ma io non _____." (comprendere)
6 Lei non _____ mai le finestre. (chiudere)

7 "Perché non _____ a Maria il suo numero di telefono?" (noi) (chiedere)

8 "Cosa ti _____ a studiare l'italiano?" (spingere)

9 _____ la nostra casa. (vendere)

10 _____ molti giornali e riviste. (loro) (leggere)

Verbi in **ire**: (*o, i, e, iamo, ite, ono*)

Es.: **partire**: io part*o*, tu part*i*, lui part*e*, noi part*iamo*, voi part*ite*, loro part*ono*

VI. Completa le frasi:

1 "A che ora _____ il treno?" (partire)
2 Il bambino non _____ la notte. (dormire)
3 "Chi mi _____ un tè?" (servire)
4 Lei non _____ più. (soffrire)
5 Luigi _____ la sua ragazza dovunque vada. (seguire)
6 I ragazzi non _____ presto. (dormire)
7 Noi _____ domani. (partire)
8 Luca e Mario _____ la cena. (offrire)
9 Io _____ lezioni di francese. (seguire)
10 "Perché _____ ?" (voi) (fuggire)

Verbi in **ire** (incoativi): (*isco, isci, isce, iamo, ite, iscono*)

Es.: **capire**: io cap*isco*, tu cap*isci*, lui cap*isce*, noi cap*iamo*, voi cap*ite*, loro cap*iscono*

VII. Completa ancora:

1 Non (io) _____ perché non mi aiutate. (capire)
2 "Cosa (voi) _____ fare?" (preferire)
3 I signori _____ subito il lavoro. (finire)
4 Claudia _____ i fogli. (distribuire)

5 Noi _____ i soldi a Carlo. (spedire)
6 Io _____ restare a casa oggi. (preferire)
7 "Chi _____ l'italiano?" (capire)
8 Laura ed io _____ la stanza. (pulire)
9 Il direttore _____ il professore. (sostituire)
10 (Io) _____ se parli lentamente. (capire)

ire: incoativi e no:

VIII. Completa:

1 La signora non _____ i vetri. (pulire)
2 Lui non _____. (interferire)
3 Carla non _____. (dimagrire)
4 Loro non _____. (percepire)
5 Non ti _____. (sentire) (io)
6 Non siamo noi che _____ le regole. (stabilire)
7 La mamma ci _____ di farlo. (impedire)
8 Questi fiori _____ tutto l'anno. (fiorire)
9 "Perché _____ tanto?" (starnutire) (tu)
10 "Quanto _____ questo bambino!" (tossire)

Vari:

IX. Completa i dialoghi:

1 "Claudia, quando _____?" "_____ stasera." (partire)
2 "Ragazzi, a che ora _____?" "_____ alle 7:00. (arrivare)
3 (tu) "_____ passare le vacanze al mare?" "No, (io) _____ passarle in montagna." (preferire)
4 (tu) "_____ il fine settimana?" "Sì, purtroppo _____ anche il sabato e la domenica." (lavorare)

5   "Da quanto tempo non _____ i vostri figli?" "Non _____ i nostri ragazzi da 2 settimane." (vedere)

6   "Gli avvocati _____ oggi al giudice?" "No, _____ solo domani." (parlare)

7   "È vero che gli esercizi li _____ Marco?" "Sì, è lui che li _____." (preparare)

8   "Il corso quando _____?" "_____ il mese prossimo." (finire)

9   "Cosa _____ i tuoi amici?" "_____ un viaggio all'estero." (suggerire)

10 "Quante lingue straniere Lei _____?" "_____ solo l'inglese." (capire)

9 Verbi riflessivi o pronominali:

Es.: **lavarsi**: io mi lavo, tu ti lavi, lui si lava, noi ci laviamo, voi vi lavate, loro si lavano

I. Completare con i verbi tra parentesi:

1   I ragazzi _____ tardi la domenica. (alzarsi)

2   "Carlo, a che ora _____?" (svegliarsi)

3   A casa nostra _____ con acqua calda. (lavarsi)

4   "A che ora tu e la tua ragazza _____?" (incontrarsi)

5   Il nuovo direttore _____ domani. (presentarsi)

6   Luca e Marta _____. (amarsi)

7   "Come _____ i tuoi genitori?" (chiamarsi)

8   "Perché non _____, bambine?" (pettinarsi)

9   Vado a casa. Qui _____. (annoiarsi)

10 "Di che cosa _____, signora?" (preoccuparsi)

II. Come sopra: (are, ere, ire)

1. Lucia non _____ mai delle cose che fa. (pentirsi)
2. Noi _____ male quando fa troppo freddo. (sentirsi)
3. Gli adolescenti non _____ dei pericoli della città. (rendersi conto)
4. I turisti _____ della violenza a Rio. (preoccuparsi)
5. Io _____ di aver fatto un grosso sbaglio. (accorgersi)
6. Carla _____ della sua bellezza e eleganza. (vantarsi)
7. Le ragazze _____ troppo. (truccarsi)
8. Voi _____ sempre di portare l'ombrello. (dimenticarsi)
9. Noi non _____ di prendere la medicina. (ricordarsi)
10. Perché _____ quando non capisci la spiegazione?" (arrabbiarsi)

10 Verbi irregolari (presente)

Fare: io faccio, tu fai, lui fa, noi facciamo, voi fate, loro fanno
Osserva il gran numero di espressioni con il verbo *fare*!
Usando il verbo *fare*:

I. Completa:

1. Noi _____ colazione a casa.
2. Voi _____ molte storie.
3. Chi _____ così, sbaglia.
4. Io non _____ questo errore.
5. Quella ragazza _____ la collaboratrice.
6. Tu non _____ il minimo sforzo!
7. I brasiliani _____ molti figli.

EXERCÍCIOS DE ITALIANO

8 Adesso io mi _____ un bel panino.
9 Maria _____ il nuoto da molti anni.
10 "Anna, che _____ qui?"

II. Completa:

1 "Tu _____ la ginnastica?" "Sì, e la _____ anche mia moglie."
2 "Chi _____ il muratore? "Io _____ il muratore."
3 "Cosa fate?" "_____ merenda."
4 "Quando _____ il tuo prossimo viaggio?" "Lo _____ il mese prossimo."
5 "Tu mi _____ un favore?" "Certo che te lo faccio."
6 "Cosa _____ i tuoi amici la domenica?" "Non _____ nulla."
7 La mattina mi alzo tardi e _____ tutto in fretta.
8 Io non _____ niente il sabato.
9 "Perché non _____ l'attrice, Carla?"
10 Lui _____ quello che gli pare.

III. Come sopra:

1 "Che lavoro _____ tuo padre?" "_____ il meccanico."
2 "_____ freddo oggi, no?" Sì, _____ un freddo terribile."
3 "Tu e Claudio _____ presto o tardi stasera?" "_____ presto."
4 "Chi _____ i letti a casa tua?" "Li _____ mio marito."
5 "Perché noi non _____ una torta?" "Buona idea."
6 "_____ bene a telefonare alla zia?" "Sì, fai molto bene."
7 I capi _____ i calcoli.
8 Il cane _____ bau bau.
9 I bambini _____ finta di non comprendere.
10 "Cosa ci _____ vedere?" "Vi facciamo vedere le fotografie."

Sapere: io so, tu sai, lui sa, noi sappiamo, voi sapete, loro sanno

IV. Completa:

1. "Marco, _____ il numero di telefono di Anna?"
2. "Voi _____ parlare l'inglese?"
3. Io non _____ niente di matematica.
4. I miei genitori non _____ che mi sono sposato.
5. "Lei, signore, _____ dirmi dove posso trovare una farmacia?"
6. "Quanto ci vuole per arrivare in centro?" "Mi dispiace. Non lo _____."
7. "Signori, _____ dire a che ora finisce lo spettacolo?"
8. "Sapete quando arrivano?" "No, non lo _____."
9. "Ciao, Luca, _____ se viene anche Carlo?" "Non ne _____ niente."
10. Io _____ che sbaglio quando non dico la verità.

Andare: io vado, tu vai, lui va, noi andiamo, voi andate, loro vanno

V. Completa:

1. "Dove _____ dopo la lezione?" "Andiamo a casa."
2. "Vai a Roma in macchina?" "No. Ci _____ con il treno delle 8:00."
3. "Quando _____ in campagna Giuseppe?"
4. "_____ già via i tuoi amici?"
5. "Chi _____ al mare quest'anno?"
6. "Andrea, _____ in montagna da solo?"
7. I miei amici _____ a scuola a piedi.
8. "Tu dove _____, scusa?" "Non _____ da nessuna parte."
9. "Lei _____ a Napoli, signora?"
10. Il presidente _____ in Europa.

Venire: io vengo, tu vieni, lui viene, noi veniamo, voi venite, loro vengono

VI. Completa:

1. "_____ con me a teatro, Roberto?"
2. "Bambini, _____ o non _____?"
3. "Aspettate, ragazzi! Io _____ con voi."
4. "E Carla, _____ anche lei con noi?"
5. "Ma tu, Mario, vieni o non vieni?" "Aspetta che _____!"
6. "A tavola, bambini!" "_____ subito mamma!"
7. "Voi andate con lei o _____ con me?" "_____ con te."
8. Loro _____ dall'Italia.
9. "Tu da dove _____?"
10. "Con chi _____, bambina?" "_____ con mia madre."

Uscire: io esco, tu esci, lui esce, noi usciamo, voi uscite, loro escono

VII. Completa:

1. Franco _____ molto tardi dal lavoro.
2. Noi _____ di casa alle 6:00.
3. Io non _____ mai senza l'ombrello.
4. Marta e Lucia _____ spesso insieme.
5. "A che ora _____ i tuoi fratelli?"
6. "Rosa, tu non _____ mai di casa?"
7. "Con chi _____, ragazzi?"
8. "Chi _____ con te?"
9. "Stasera restiamo qui. Non _____."
10. Se tu _____ presto, non trovi traffico.

Dire: io dico, tu dici, lui dice, noi diciamo, voi dite, loro dicono
Attenzione all'uso del verbo dire! Non si usa il verbo *parlare* in queste frasi:
"Mia madre *dice* che sono un ottimo figlio."
"Come si *dice* ... in italiano?"

VIII. Completa:

1. "Come si _____ "casa" in italiano?"
2. Noi _____ molte parolacce.
3. Loro non _____ bugie.
4. Se mi chiedono se voglio uscire, _____ di sì.
5. "Andiamo al cinema. Cosa ne _____, Claudia?"
6. Alle persone che amo _____ sempre la verità.
7. "Voi _____ sempre tutto quello che pensate?"
8. "Domani noi vi _____ se partiamo con voi o no."
9. Chi _____ di no, sbaglia.
10. "Mi compro questo abito. Che ne _____, ragazze?"

Stare: io sto, tu stai, lui sta, noi stiamo, voi state, loro stanno
Attenzione: usa stare con "stare bene", "stare male" e con il gerundio.
Es.: "Come stai?" "Sto bene, grazie."
"Cosa stai facendo?" "Sto scrivendo un'email."

Gerundio dei verbi in **are**: *ando* / in **ere** e in **ire**: *endo*
ATTENZIONE!
fare   facendo
dire   dicendo
bere   bevendo
Si usa il verbo **essere** in queste frasi:
"Come sei bella oggi!"
"Perché sei così triste?"

IX. Completa:

1. "Ciao, Claudio! Come _____ i tuoi?"
2. "Cosa _____ scrivendo, Lucia?"
3. "Come mai la commessa _____ ancora lavorando?"

Adesso prova con il gerundio:

4 " Cosa stanno _____ i piccoli?" (fare)
5 "Da dove sta _____ tutta questa gente? (arrivare)
6 "Di che colore stai _____ la casa?" (dipingere)
7 "Come mai stai ancora _____ a quest'ora?" (bere)
8 "Di dove sono le ragazze che stanno _____ il tirocinio?" (fare)
9 "Siamo sicuri! Lui sta _____ la verità!" (dire)
10 "Stiamo _____ finalmente!" (partire)

Altri irregolari:
I modali:
Dovere: io devo, tu devi, lui deve, noi dobbiamo, voi dovete, loro devono
Potere: io posso, tu puoi, lui può, noi possiamo, voi potete, loro possono
Volere: io voglio, tu vuoi, lui vuole, noi vogliamo, voi volete, loro vogliono

X. Completa:

1 "Mi dispiace, signora, ma qui Lei non ci _____ stare!" (potere)
2 Adesso noi _____ andare. (dovere)
3 "Perché voi non _____ restare ancora un po'?" (potere)
4 "Signori, _____ passare all'altra stanza!" (dovere)
5 "Signora, non capisce che noi non _____ fare più niente per Lei?" (potere)
6 "Complimenti, Mario. Noi _____ dire che sei veramente bravo!" (volere)
7 "_____ andare a ballare?" "No, ti prego! Restiamo a casa!" (volere)
8 "Ma tu, che cosa _____ da me?" (volere)
9 "Voi _____ assolutamente finire questo lavoro entro il 10!" (dovere)
10 "Chi _____ ancora pagare?" (dovere)

Bere: io bevo, tu bevi, lui beve, noi beviamo, voi bevete, loro bevono
Dare: io do, tu dai, lui da, noi diamo, voi date, loro danno
Morire: io muoio, tu muori, lui muore, noi moriamo, voi morite, loro muoiono
Rimanere: io rimango, tu rimani, lui rimane, noi rimaniamo, voi rimanete, loro rimangono
Salire: io salgo, tu sali, lui sale, noi saliamo, voi salite, loro salgono
Scegliere: io scelgo, tu scegli, lui sceglie, noi scegliamo, voi scegliete, loro scelgono
Spegnere: io spengo, tu spegni, lui spegne, noi spegniamo, voi spegnete, loro spengono

Verbi speciali:
Volerci: (essere necessario)
Ci vuole (singolare)
Ci vogliono (plurale)
Es.: Ci vuole un'ora per finire il lavoro. / Ci vogliono due giorni per arrivare.

Esserci: (esistere)
C'è (singolare)
Ci sono (plurale)
Es.: C'è una finestra sola in questa sala. / Ci sono molti fiori in giardino

Piacere:
Piace (singolare)
Piacciono (plurale)
Es.: La pizza mi piace molto. / Le verdure non mi piacciono tanto.

XI. Completa con i verbi tra parentesi:
1   "Tu di solito _____ l'elemosina ai poveri?" (dare)
2   Se non stai attenta, _____ incinta di nuovo! (rimanere)

3 "Perché quando uscite non _____ le luci, per favore!" (spegnere)
4 "Quanti anni _____ per imparare bene il tedesco?" (volerci)
5 A noi _____ molto i cioccolatini. (piacere)
6 In quest'aula non _____ l'aria condizionata. (esserci)
7 "Che film, vediamo? Perché non _____ tu, per favore!" (scegliere)
8 I signori _____ a piedi perché vogliono fare un po' di esercizio. (salire)
9 "Perché _____ tutte le piantine che compro?" (morire)
10 Non _____ mai sola a casa. Esco spesso. (rimanere)

11 Verbi regolari e irregolari al presente

I. Completa:

1 I bambini _____ sul muro. (salire)
2 Lui non _____ mai le luci. (spegnere)
3 "Dove _____, caro?" (andare)
4 "A che ora _____, mamma?" (venire)
5 "Quanto _____ d'affitto, signora?" (pagare)
6 Noi _____ una casa. (cercare)
7 "Cosa _____ bere, signore?" (volere) (voi)
8 Voi non _____ uscire adesso. (potere)
9 Loro _____ imparare subito l'italiano. (dovere)
10 Tu non _____ dire tutto quello che pensi. (potere)
11 "Lei _____ molte lettere?" (scrivere)
12 "Cosa _____ qui, bambini?" (fare)
13 Noi _____ molte parolacce. (dire)
14 "Quando _____ venire, Carlo?" (preferire)
15 "Perché _____ così presto le lezioni?" (finire)
16 Io non _____ niente. (capire)

17 Tu e la tua ragazza _____ spesso al ristorante? (andare)
18 "Quando voi_____ per l'Italia?" (partire)
19 Tutto _____ da lui. (dipendere)
20 Il quartiere dove abito _____ molto lontano dal centro. (essere)
21 "Quanti anni _____, Claudio?" (avere)
22 "Quante camere _____ nel tuo appartamento?" (esserci)
23 "_____ solo un bagno in quella casa." (esserci)
24 "Quanti giorni _____ ancora per finire il lavoro?" (volerci)
25 "Ti _____ la birra?" (piacere)
26 Non mi _____ le verdure. (piacere)
27 Io _____ lezione dalle 8:00 alle 9:30. (avere)
28 Noi non _____ quante cartoline _____ imbucare. (sapere / dovere)
29 Le ragazze _____ tutti i giorni. (arrabbiarsi)
30 Marta _____ la dieta ma non _____ (fare / dimagrire)
31 I ragazzi _____ molto. (stancarsi)
32 Gli uomini _____ presto. (dimenticare)
33 Loro non _____ da anni. (vedersi)
34 "Tu non _____ di avere smesso di lavorare?" (pentirsi)
35 "Perché voi _____ tanto?" (litigare)
36 "A che cosa tu _____ pensando?" (stare)
37 "Perché voi _____ così tristi?" (essere)
38 "Voi _____ ancora del vino?" (volere)
39 "Quando _____ il bambino?" (nascere)
40 "Quanto tu _____ ogni mese?" (spendere)

ALTRI VERBI IRREGOLARI AL PRESENTE:

Cogliere (raccogliere, togliere, scegliere, sciogliere...): colgo, cogli, coglie, cogliamo, cogliete, colgono

Morire: muoio, muori, muore, moriamo, morite, muoiono

Nascere: nasco, nasci, nasce, nasciamo, nascete, nascono

> **Porre** (proporre): pongo, poni, pone, poniamo, ponete, pongono
> **Salire**: salgo, sali, sale, saliamo, salite, salgono
> **Sedersi**: mi siedo, ti siedi, si siede, ci sediamo, vi sedete, si siedono
> **Spegnere**: spengo, spegni, spegne, spegniamo, spegnete, spengono
> **Tenere** (ottenere): tengo, tieni, tiene, teniamo, tenete, tengono
> **Tradurre** (introdurre, produrre): traduco, traduci, traduce, traduciamo, traducete, traducono
> **Trarre** (sottrarre, estrarre, contrarre, attrarre...) traggo, trai, trae, traiamo, traete, traggono)
> **Valere**: valgo, vali, vale, valiamo, valete, valgono

12 Il partitivo: un po' di (alcune, alcuni)

> Maschile: **del, dei** (cons.); **dell', degli** (voc.); **dello, degli** ("s" o z)
> Es.: *del* riso, *dei* giorni; *dell'*olio, *degli* alberi; *dello* zucchero, *degli* studi
>
> Femminile: **della, delle** (cons.); **dell', delle** (voc.)
> Es.: della birra, delle case; dell'acqua, delle arance

I. Completate:

1. "Vuoi _____ pane?"
2. "Mi compri _____ acqua minerale, per favore?"
3. Ti posso offrire _____ cioccolatini.
4. Vogliamo _____ pasta, grazie.
5. "Possiamo prendere _____ dolci?"
6. "Volete _____ spiegazioni?"
7. "Avete _____ sigarette?"
8. Chiedono _____ zucchero.
9. Comprate _____ affettati.
10. "Vuoi _____ vino?"

II. Come sopra:

1. "Mi dia un po' di latte." "Cosa? _____ latte?"
2. "Vuole un po' di succo?" "No, grazie. Vorrei _____ birra, prego."
3. "Preferisce un gelato?" "No, ma Prederei volentieri _____ acqua di cocco."
4. "Posso offrirti un po' di pasta?" "No, grazie. Vorrei _____ insalata."
5. Ci sono _____ cose che non vogliamo raccontare a nessuno.
6. Conosciamo _____ ragazzi stranieri.
7. Inventano _____ storie incredibili.
8. Usa _____ strategie straordinarie per convincermi.
9. Scordo di fare _____ cose importantissime.
10. "Volete _____ riso?"

13 I possessivi

(prima, seconda e terza persona singolare)

Maschili:

singolare: **il mio / il tuo / il suo**

plurale: **i miei / i tuoi / i suoi**

Femminili:

singolare: **la mia / la tua / la sua**

plurale: **le mie / le tue / le sue**

ATTENZIONE:

- La concordanza si fa con l'oggetto!
  Es.: Lucia: "Il quaderno è mio!"
- In terza persona, Suo è di Mario, di Maria o ancora formale (suo, signore e suo, signora) Es.: "Il quaderno è di Maria?" "Sì. É suo"

I. Vediamo:

1. "È _____ questo astuccio, Dario?"
2. "Sono _____ questi CD, signora?"
3. "La scatola di cioccolatini è _____, Valentina?"
4. "Signore, queste sono _____ scarpe?"
5. Giulio lavora con _____ zii.
6. "Di dove sono il signor Marini e _____ famiglia?"
7. "A che ora arrivano Luca e _____ fidanzata?"
8. Io preferisco lasciare _____ ombrello qui.
9. "Tu puoi portare _____ bambina in macchina a scuola oggi?"
10. "Mi dispiace, signorina, ma non può entrare con _____ cane!"

(prima, seconda e terza persona plurale)

Maschili

singolare: **il nostro**, **il vostro**, **il loro**

plurale: **i nostri**, **i vostri**, **i loro**

Femminili

singolare: **la nostra**, **la vostra**, **la loro**

plurale: **le nostre**, **le vostre**, **le loro**

Osserva anche che alla fine della risposta, possiamo usare o no l'articolo. Es.: Sì, è mia. (è la mia)

II. Completa:

1. I signori Bianchi vengono con _____ amici.
2. Noi non diamo _____ casa al mare a nessuno.
3. Se volete trovare _____ cose in ordine, trovatevi una donna di servizio.
4. "Sono vostre le macchine?" "No, purtroppo non sono _____."
5. "Signori, sono questi _____ cappotti?" "Sì, grazie, sono _____."

6. I ragazzi insistono che hanno lasciato qui _____ pallone.
7. I Santini dicono che _____ figli sono alti 1:95m.
8. "Dottore, vuole _____ tè adesso?"
9. "Mi prestate _____ dizionario?" "Certo che te lo prestiamo."
10. Io e il mio ragazzo vogliamo passare _____ luna di miele in Spagna.

> **Osserva:**
> Nomi di famiglia al singolare con il possessivo sono senza articoli.
> Es.: Mio nonno, Nostra madre, Sua cugina.

III. Usa l'articolo quando necessario:

1. _____ mia città
2. _____ mia madre
3. _____ tua zia
4. _____ suo padre
5. _____ nostri genitori
6. _____ vostri fidanzati
7. _____ sua fidanzata
8. _____ mia famiglia
9. _____ nostro paese
10. _____ mio fratello

> Se si cambia il nome, di nuovo si usa l'articolo.
> Es.: il mio fratellino, la mia mamma, il mio babbo, la sua sorella più grande, la nostra nonnina.

14 Preposizioni

andare (essere, stare, abitare): **a** casa, **a** scuola, **a** teatro, **a** Roma (città), **a** piedi, **a** letto
vicino **a**; dare, offrire, prestare, ecc... qualcosa **a** qualcuno

a (semplice)

I. Completa:

1. Va _____ casa _____ piedi.
2. Luca è _____ letto.
3. Siamo _____ casa.
4. Non andiamo _____ teatro.
5. "Andate _____ scuola il sabato?"
6. Lavora vicino _____ casa sua.
7. "Vai _____ Milano?"
8. Luigi è _____ São Paulo.
9. Da i fiori _____ Carla.
10. Regala un libro _____ suo padre.

in (semplice)

andare (viaggiare, partire, venire arrivare...) + mezzo di trasporto
Es.: Vanno **in** aereo (macchina, treno, bicicletta...)
andare (essere) **in** palestra (segreteria, biblioteca, bagno, cucina, piscina...)
andare **in** Colombia (Italia, Brasile...) – paesi, regioni, continenti

II. Completa:

1. Viaggia _____ treno.
2. Andate _____ palestra?
3. Giro _____ bicicletta.

4 Siamo _____ biblioteca.

5 Abita _____ centro.

6 Vanno _____ piscina.

7 Abitano _____ Colombia.

8 Studiano _____ Sicilia.

9 Partono _____ aereo.

10 La mamma è _____ bagno.

in o a (semplici)

III. Completa:

1 Abita _____ Copacabana.

2 Insegna _____ Rio.

3 Va _____ Napoli.

4 È _____ Inghilterra.

5 Andiamo _____ macchina.

6 Porta i dolci _____ te.

7 Andiamo _____ piedi.

8 Preferisce stare _____ piedi.

9 Non è _____ segreteria.

10 Non c'è niente _____ frigo.

Preposizioni articolate:
a
al (a + il); ai (a + i); all' (a + l'); agli (a + gli); allo (a + lo); alla (a + la); alle (a + le)

IV. Completa:

1 Va _____ mercato.

2 Andiamo _____ stadio.

3 Non andiamo _____ spettacolo.

4 Usciamo _____ tre.
5 Parto _____ una.
6 Ci presentiamo _____ cinque.
7 Sediamoci _____ tavoli.
8 Diciamo la verità _____ alunni.
9 _____ persone che aspettano offriamo un caffè.
10 Date un regalo _____ amico.

> **in** (articolata)
> nel (in + il); nei (in + i); nell' (in + l'); negli (in + gli); nello (in + lo); nella (in + la); nelle (in + le)

V. Completa:

1 _____ Stati Uniti si gioca molto a pallacanestro.
2 _____ borsa ci sono alcuni libri.
3 "Cosa c'è _____ zaino?"
4 _____ suoi pensieri c'è solo lui.
5 "Metti i fogli _____ cartella!"
6 _____ ore di punta lo stress è tremendo.
7 Le matite sono _____ cassetti.
8 L'anello è _____ armadio.
9 _____ aula 2 ci sono bei quadri.
10 C'è una foto sua _____ mio diario.

> **a** o **in** semplici o articolate

VI. Completa:

1 Non trovo della carta igienica _____ bagno.
2 Ci vediamo _____ aeroporto.
3 _____ cani non possiamo dare la pasta.
4 Versiamo il succo _____ bicchieri.

5   Porto i bambini _____ scuola.
6   _____ mezzogiorno pranziamo.
7   _____ stanza di Piero non c'è più spazio.
8   _____ classe non c'è una librería.
9   Arriviamo _____ casa subito.
10 _____ giardino ci sono vari alberi.

> Preposizione **di** (semplice)
> essere **di** Rio, **di** Napoli, **di** Milano (origine)
> possessivo: **di** Maria, **di** Lucia
> avere bisogno di qualcosa o di qualcuno: uscire **di** casa,
> pensare **di** fare, tentare **di** fare
> tipo o materiale di cui è fatto qualcosa: piatto **di** spaghetti,
> libro **di** matematica, braccialetto **di** oro (d'oro)

VII. Completa:
1   La matita _____ Anna è per terra.
2   Lui non è _____ Roma, ma _____ Napoli.
3   Ho bisogno _____ te.
4   Vuoi un bicchiere _____ succo?
5   Ho lezione _____ biologia.
6   Oggi è il compleanno _____ Mario.
7   Compriamo una bottiglia _____ vino.
8   "Guarda quella giacchetta _____ cuoio!"
9   Vorrei una tazza _____ tè.
10 La ragazza è _____ Minas Gerais.

> Preposizione **di** (articolata)
> del (di + il); dei (di + i); dell' (di + l'); dello (di + lo); degli (di + gli); della (di + la); delle (di + le)

VIII. Completa:

1. Non so dire qual è l'orario _____ treni.
2. "Bella la maglietta _____ Milan!"
3. Questa è l'amica _____ zio di Pietro.
4. "Qual è il risultato _____ partita?"
5. "Di che colore è la bandiera _____ Brasile?"
6. Scriviamo subito i nomi _____ nuovi professori.
7. Loro sono _____ città di mio padre.
8. Sono ottime le condizioni _____ stadi.
9. Ti do il numero di telefono _____ avvocato.
10. La finestra _____ aula è rotta.

Preposizione **da** (semplice)

venire (partire, uscire) punto di partenza: viene **da** Lisbona; parte **da** Rio; esce **dal** lavoro

l'utilità di un oggetto: spazzola **da** capelli (che serve a spazzolare i capelli); camera **da** letto

voce passiva (prima dell'agente): La cucina è stata lavata da me.

lontano, distante **da**; differente, diverso **da**; dipendere **da**

casa di qualcuno: andare **da** Carlo, **da** amico: per est.: da un professionista: dall'avvocato (all'ufficio dell'avvocato), dal medico (al suo consultorio)

durata di tempo (verbi al presente): Abito Qui **da** pochi mesi.

IX. Completa:

1. "_____ dove viene il soldato?"
2. L'esercizio è preparato _____ me.
3. Il tuo spazzolino _____ denti è già nel tuo zaino.
4. La sua fattoria è molto lontana _____ qui.
5. Vive qui _____ molto tempo.
6. "Vengo _____ te domani, va bene?"
7. " Perché non vai _____ Rita, scusa?"

8 "Non ci sono bicchieri _____ vino. Questi possono servire?"
9 La scuola è distante _____ casa mia.
10 Abitiamo in questa città _____ 5 anni.

> Preposizione **da** (articolata)
> dal (da + il); dai (da + i); dall' (da + l'); dallo (da + lo); dagli (da + gli); dalla (da + la); dalle (da + le)

X. Completa:

1 Va raramente _____ dottore.
2 _____ Rio a São Paulo ci sono molte ore di viaggio.
3 La cena è servita _____ una alle tre.
4 Abitano lontano _____ centro.
5 "Venite _____ Italia, vero?"
6 È una decisione che dipende _____ capi.
7 I suoi capelli sono diversi _____ miei.
8 Si vede la baia _____ finestra della mia camera.
9 _____ Pane di Zucchero si vede il centro della città.
10 Abbiamo lezione _____ 8:00 alle 9:30.

XI. Completa con **di** o **da** (semplici o articolate):

1 Andiamo _____ avvocati.
2 Non è facile il lavoro _____ medici.
3 _____ odio può nascere l'amore.
4 C'è lezione _____ lunedì al venerdì.
5 _____ questa mattina lui non si fa sentire.
6 "_____ dove viene il tuo fidanzato?"
7 "Tu non sei _____ qui, vero?"
8 "Cosa avete _____ sbrigare oggi?"
9 Tornano _____ Italia.
10 "Siete _____ Brasile?"

> Preposizione **su** (semplice o articolata)
>
> salire (eseere) **su** qualcosa: sale **sulla** sedia; è **sul** treno
>
> parlare dettagliatamente **su** qualcosa
>
> sinonimo di sopra
>
> contare **su** qualcuno o qualcosa
>
> notizia, articolo sul giornale, sulla rivista, su internet
>
> sul, sui, sull', sullo, sugli, sulla, sulle

XII. Completa:

1. "Questo libro è _____ quale argomento?"
2. Non parlo più _____ questo.
3. "Aspettate qui sotto. Andiamo _____ un attimo."
4. C'è un bambino _____ albero.
5. Posso contare solo _____ mia madre.
6. "Si può fare il biglietto _____ treno?"
7. Devo studiare molto _____ tema.
8. La notizia è _____ tutti i giornali.
9. Saliamo _____ sedie per vedere meglio.
10. _____ poltrona c'è un gatto.

Preposizione **per**: (semplice o con l'articolo)

per il, per i, per l', per lo, per gli, per la, per le

XIII. Completa:

1. Sono qui _____ questi motivi.
2. _____ questa strada non si può andare.
3. Studia _____ diventare il migliore.
4. Ci servono 4 uova _____ fare la torta.
5. _____ quale motivo è a Roma?"
6. Faccio tutto quello che posso _____ te.

7 Ci vogliono due ore _____ arrivarci.
8 _____ centro si va in quella direzione.
9 Questo è un regalo _____ te.
10 Sono qui _____ vederti.

> Preposizione **con** (semplice o con l'articolo)
> con il, con i, con l', con lo, con gli, con la, con le

XIV. Completa:

1 Oggi restiamo a casa _____ zii.
2 "Chi viene _____ me?"
3 Arriva _____ autobus delle nove.
4 _____ ragazzi parliamo domani.
5 Vogliamo parlare _____ console.
6 Veniamo _____ voi.
7 "Guarda quella ragazza _____ cappellino rosso."
8 "_____ chi lavori?"
9 Studio _____ Professore Luzi.
10 Devi avere molta pazienza _____ piccoli.

> Preposizione **tra** (**fra**) (semplice o con l'articolo)
> preposizione del futuro: Cambio casa **tra** due giorni.
> in mezzo a una cosa e l'altra: Il divano è **tra** le poltrone.
> in mezzo a varie cose: **Tra** tutti i regali, preferisco questa collana.
> tra il, tra i, tra l', tra lo, tra gli, tra la, tra le

XV. Completa:

1 Il tavolino va _____ due poltrone.
2 "_____ dire e il fare c'è di mezzo il mare."
3 _____ due anni faremo un bel viaggio.
4 _____ tutti i miei amici, tu sei il più sincero.

5 Ritorno _____ una settimana.
6 _____ poco ti telefono.
7 Bologna è _____ Milano e Firenze.
8 _____ di noi non tutti parlano l'inglese.
9 Si nasconde _____ rami dell'albero.
10 _____ me e te c'è molto rispetto.

15 Pronomi oggetti diretti

I. Completa usando la (femm. sing.), le (femm. plu.), lo (sing. masc.) li (masc. plu.):

1 "Il gatto mangia la razione?" "Sì, _____ mangia."
2 "Gli invitati portano regali?" "Sì, _____ portano."
3 "Le signore si fanno le unghie?" "Sì, _____ fanno."
4 "I ragazzi bevono la birra?" "Sì, _____ bevono."
5 "Capisci l'italiano?" "Sì, _____ capisco bene."
6 "Prendete il tram?" "No, non _____ prendiamo."
7 "Mangiate il pollo?" "_____ mangiamo raramente."
8 "I panni a casa tua, _____ stiri tu?"
9 "_____ accendo io la TV!"
10 "Questo programma non _____ vedo mai. E tu?"

II. Osserva l'uso del ne in queste frasi. Si riferisce alla quantità. Il nome non si ripete.

1 "Quanto prosciutto vuole, signora?" "_____ voglio un chilo."
2 "Quante bottiglie di olio desidera, signore?" _____ prendo due, grazie."
3 Di yogurt _____ voglio due confezioni, per cortesia.
4 Compro una scatola di cioccolatini e _____ mangio tanti.
5 "Tuo figlio beve il vino?" "No, non _____ beve affatto."
6 "Quanti anelli hai?" "Non _____ ho nessuno."

7   Di storie come queste _____ sento varie ogni giorno.
8   "Quanta acqua bevete?" "_____ beviamo quattro bicchieri al giorno."
9   "Ecco le caramelle! _____ vuoi una?"
10 "Quante gonne hai?" "Non _____ ho nessuna."

III. Rispondi con il pronome e con il verbo:

1   "Volete una frittata?" "Sì, _____ _____ volentieri." (prendere)
2   "Passa il sale, per favore!" "Sì, _____ _____ subito." (passare)
3   "Può darmi un'informazione?" "Certo, _____ _____ subito." (dare)
4   "Carla mostra le foto?" "Sì, _____ _____ spesso." (mostrare)
5   "Chi prende l'insalata?" "Grazie, io _____ _____ un altro po'." (prendere)

ATTENZIONE!

Con i modali, i pronomi possono stare prima o dopo i due verbi.
Es.: Non posso lavare i piatti.

   "Non posso lavar **li**" o "Non **li** posso lavare"

6   Dobbiamo dimenticare le differenze. Dobbiamo _____. / _____ dobbiamo _____.
7   Posso prendere le ragazze stasera. Posso_____. / _____ posso _____.
8   Non voglio guardare la TV. Non voglio _____. / Non _____ voglio _____.
9   Devo completare gli studi. Devo _____. / _____ devo _____.
10 Potete aprire le finestre? Potete_____? / _____ potete _____?

IV. Metti il pronome sui puntini possibili:

(modali: dovere, potere, volere, sapere: pronomi prima o dopo i due verbi)

EXERCÍCIOS DE ITALIANO

1   La tua mamma tu (a) _____ puoi (b) _____ veder(e) (c) _____ tutti i giorni? (la)

2   Rita non porta i giocattoli a scuola perché non (a) _____ vuole (b) _____ mostrar(e) (c) _____ agli amici. (li)

3   Io e la mia fidanzata (a) _____ dobbiamo (b) _____ parlar(e) (c) _____ ancora oggi. (ci)

4   I risultati dei test non sappiamo (a) _____ informar(e) (b) _____. (li)

5   Sanno che (a) _____ devono preparar (b) _____. (si)

Rispondi:

6   "Puoi prestare la macchina?" "No, non_____."

7   "Potete visitare i malati?" "Sì, _____."

8   "Luisa vuole apparecchiare la tavola?" "No,_____."

9   "Dobbiamo lavare i bicchieri?" "Sì, _____."

10 "Lei sa parlare lingue straniere?" "Sì,_____."

16 Pronomi oggetti diretti (tutte le persone)

atoni o deboli (mi, ti, lo, la, La, ci, vi, li, le, ne) (si mettono quasi sempre prima del verbo)

I. Completa:

1   Compro la rivista e _____ leggo.

2   Lavo i piatti e _____ metto nell'armadio.

3   Porto a casa gli esercizi e _____ correggo.

4   Ti do le caramelle e tu non _____ mangi!

5   "Chiami Maria?" "Sì, _____ chiamo."

6   "Studi il tedesco?" "Sì, _____ studio."

7   "Assaggi le verdure?" "Sì, _____ assaggio."

8 "Accendete la luce?" "Sì, _____ accendiamo."
9 "Fanno colazione a casa?" "Sì, _____ fanno."
10 "Pulisci le tue scarpe?" "Sì, _____ pulisco."

II. Completa:

1 "Lavi i tuoi vestiti?" "Sì, _____ lavo."
2 "Visitate gli amici?" "No, non _____ visitiamo."
3 "Spedite le lettere?" "Sì, _____ spediamo subito."
4 "Fate colazione al bar?" "No, _____ facciamo a casa."
5 "A che ora guardate la T.V.?" "_____ guardiamo dopo cena."
6 "Signore, _____ invito domani a casa mia."
7 "Bambini, _____ aiuto con gli esercizi, va bene?"
8 "Volete della birra?" "Grazie, _____ prendiamo volentieri."
9 "_____ chiami stasera?" "Certo che ti chiamo."
10 "_____ invitate a casa vostra?" "Ci dispiace! Non _____ possiamo invitare."

III. Completa:

1 La birra, _____ voglio ghiacciata, grazie.
2 I dolci, _____ compriamo in panetteria.
3 Le lezioni, _____ studiamo domani.
4 Di caramelle _____ mangio tantissime.
5 Il libro, finisco di legger _____ subito.
6 Le verdure, _____ mangio fresche.
7 La lettera, _____ spedisco fra poco.
8 I CD, quasi non _____ ascolto.
9 Il fiore, _____ compro per lei.
10 La pasta, _____ vogliamo al dente.

IV. Completa:

1 "Mettiti la giacca!" "No, non _____ metto."
2 "Prestami i soldi!" " Va bene, _____ presto ma solo a te."

3 "Lava i pantaloni!" "Sì, _____ lavo subito."
4 "Mi accompagni?" "Mi dispiace, oggi non _____ posso accompagnare."
5 "_____ capite quando parliamo il tedesco?" "No, non vi capiamo."
6 "Chiamami stasera, _____ prego!" "Stasera non posso _____ chiamo domani."
7 "Dove ci porti?" "_____ porto alla spiaggia."
8 "Aiutatemi, per favore!" "Certo che _____ aiutiamo!"
9 "Preparano il test?" "Sì, _____ preparano volentieri."
10 "Riparano bene la macchina?" "Sì, _____ sanno riparare molto bene."

V. Come sopra:

1 "Dove incontri il tuo amico?" "_____ incontro al bar"
2 "Quando vedi Maria?" "_____ vedo spesso."
3 "Perché compri questi giornali?" "_____ compro perché mi piacciono."
4 "Perché non inviti le ragazze?" "Sì, invitiamo _____!"
5 "Mi accompagni a casa?" "Sì, _____ accompagno."
6 "Ci invitate alla festa?" "Certo che _____ invitiamo."
7 "Signora, _____ ringrazio moltissimo."
8 "Quanti pomodori vuoi?" "_____ voglio un chilo, grazie."
9 "_____ chiamo alle 3:00." "Non puoi chiamarmi più tardi?"
10 "Perché non aiutate Claudio e Marco?" "Ma _____ aiutiamo sempre.

VI. Come sopra:

1 "Chi lava i piatti?" "_____ lavo io."
2 "Quando mi chiami? "_____ chiamo tra due giorni."
3 "_____ inviti alla tua festa?" "Certo che vi invito."
4 "Mi accompagni all'autobus?" "No, _____ accompagno a casa."
5 "Dove incontri il tuo amico?" "_____ incontro al bar."
6 "Vedi oggi Maria?" "No, _____ vedo dopodomani."
7 "Ci invitate alla festa?" "Sì, _____ invitiamo."
8 "Signori, _____ prego. Un po' di pazienza."

9 "_____ chiamano questa settimana?" "Forse mi chiamano giovedì."
10 "ArrivederLa, signore. _____ saluto."

VII. Come sopra:

1 "Quanti libri leggi?" "_____ leggo vari al mese."
2 "Vuoi del prosciutto?" "Sì, _____ voglio un etto, per favore."
3 "Compriamo del vino?" "Sì, prendiamo_____ una bottiglia."
4 "Volete un caffè?" "Grazie, _____ prendo volentieri."
5 "Chiamate le signore?" "No, non _____ chiamiamo."
6 "Chi pulisce la tua stanza?" "_____ pulisco io."
7 "_____ disturbo se fumo?" "No, per noi non è un problema."
8 "_____ annoiano queste canzoni, vero?" "È vero. Mi annoiano moltissimo."
9 "_____ porti con te?" "Mi dispiace, non ti posso portare."
10 "Chi vi porta al parco?" "_____ porta la mamma."

VIII. Oggetti diretti e verbi al presente:

Rispondi:

1 "Vuoi del vino?" "Grazie, _____ un po'." (bere)
2 "La vedi spesso la tua ragazza?" "Sì, _____ quasi ogni giorno." (vedere)
3 "Studiate lingue straniere?" "No, purtroppo non _____ studiare." (potere)
4 "Leggi qualche rivista?" "Sì, _____ tre o quattro." (leggere)
5 "Preferisci portare l'abito?" "No, grazie, l'abito, preferisco _____ un'altra volta." (mettere)
6 "Sapete dov'è la strada per il parco?" "No, ci dispiace. Non _____."
7 "Mi presti una matita?" "Certo di sì. Ecco _____!"

8   "Ciao a voi tutti! Salutate la professoressa!" "Va bene, _____ _____!" (salutare)

9   "Può dare un'informazione?" "Sì, signora, _____ subito. Cosa desidera sapere?" (dare)

10 "Accompagni tuo figlio?" "No, oggi _____ suo padre."

11 "Mi aiuti?" "Come posso _____?" (aiutare)

12 "Chi aiuta i vostri genitori?" "_____ io e mia sorella." (aiutare)

13 "Potete consegnare gli esercizi oggi?" "Possiamo _____ domani, per favore?" (fare)

14 "Vuoi una caramella?" "Sì, grazie, _____ una al cioccolato." (volere)

15 "Vi posso offrire un aperitivo?" "No, grazie, non _____ affatto." (bere)

16 "Ci aiuti?" "Adesso non _____ aiutare." (potere)

17 "Mi senti?" "Con questo rumore non _____ sentir_____." (potere)

18 "Visitate gli amici?" "_____ raramente." (visitare)

19 "Quanti animaletti avete a casa?" "Non _____ nessuno." (avere)

20 "Conoscete le leggi?" "Sì, _____ ma non _____." (conoscere) (capire)

17 Pronomi oggetti indiretti

mi, ti, gli (a lui), le (a lei), Le, ci, vi, gli (a loro)

Es.: telefonare: Chi telefona, telefona "a" qualcuno (oggetto indiretto)

I. Completa:

1   Do i soldi a Maria. _____ do i soldi.

2   Scrivo a Carlo. _____ scrivo oggi.

3. Telefono ai professori. _____ telefono subito.
4. Offro i dolci a voi due. _____ offro i dolci.
5. Carla consegna a te i compiti. _____ consegna i compiti lunedì.
6. Parlo al professore. _____ parlo stasera.
7. Compro un libro a mio padre. _____ compro un romanzo.
8. Regala un viaggio a noi due. _____ regala un viaggio all'estero.
9. Domanda all'alunna se ha capito. _____ domanda spesso.
10. Chiede ai genitori un consiglio. _____ chiede raramente un consiglio.

II. Completa i dialoghi:

1. "Mi presti la tua macchina?" "Non _____ presto neanche la mia bicicletta."
2. "Ci dai un'informazione?" "Sì, _____ do tutte le informazioni che volete."
3. "Cosa regali al tuo ragazzo?" "_____ regalo un CD."
4. "Scrivi ai tuoi?" "Sì, _____ scrivo ogni settimana."
5. "_____ offro un caffè?" "Non puoi offrirci un tè, invece?"
6. "Quanto vi do?" "_____ dai cinque euro."
7. "Quando mi telefonate?" "_____ telefoniamo tra due giorni."
8. "Cosa chiedono al presidente?" "_____ chiedono varie cose."
9. "Fate regali ai bambini?" "Sì, _____ facciamo moltissimi regali."
10. "_____ fai vedere le tue fotografie?" "Certo, ti faccio vedere anche il video."

III. Come sopra:

1. "Quando mi telefona, signora?" "_____ telefono appena posso."
2. "Cosa dai a tua madre?" "_____ do un portafoglio."
3. "Regali una cintura al tuo fidanzato?" "No, _____ do un paio di scarpe."
4. "Quando mi manda la lettera?" "_____ mando la lettera subito, signorina."

5 "Cosa vi consegna il professore?" "_____ consegna le schede."
6 "Cosa offrite agli invitati?" "_____ offriamo della torta."
7 "Quando ci mandi la cartolina?" "_____ mando delle foto, invece."
8 "Cosa mi regalate?" "Non _____ regaliamo nulla."
9 "A Giacomo cosa consigliamo?" "_____ consigliamo di separarsi."
10 "Ai tuoi fratelli cosa dici?" "_____ dico di aspettare."

IV. Osserva i verbi, completa e segna l'oggetto diretto (D) o indiretto (I):
1 "Mi chiami?" "Sì, _____ chiamo." (D / I)
2 "Ci inviti?" "Certo che _____ invito." (D / I)
3 "Telefoni a Laura?" "No, non _____ telefono più." (D / I)
4 "Signora, _____ do il mio indirizzo." (D / I)
5 "_____ ringrazio infinitamente, signore." (D / I)
6 "Volete aiutar_____?" "Sì, vi aiutiamo con piacere." (D / I)
7 "Mi presenti quella ragazza?" "No, _____ presento questa qui invece." (D / I)
8 "_____ lasci a casa?" "Sì, ti accompagno." (D / I)
9 "Cosa ci porti dagli Stati Uniti?" "Non _____ porto niente." (D / I)
10 "Dove porti i tuoi figli?" "_____ porto alla spiaggia." (D / I)

18 Passato prossimo

Avere + participio passato
Es.: (io) Ho comprato, (tu) Hai ricevuto, (lui,lei) Ha servito, (noi) Abbiamo parlato, (voi) Avete perduto, (loro) Hanno dormito
Participi regolari : are – ato / ere – uto / ire – ito
Es.: parlare – parlato / ricevere – ricevuto / servire – servito

I. Completare con il participio passato:
1 Maria ha _____ la macchina. (lavare)

2   I ragazzi hanno _____ a scuola. (cantare)
3   Davide non ha _____ niente. (capire)
4   Luisa e Marta hanno _____ il corso. (finire)
5   Mio marito e mio figlio non mi hanno _____ (aiutare)
6   Noi due abbiamo _____ di spegnere il gas. (dimenticare)
7   Ho _____ la luce accesa. (scordare)
8   Avete _____ la TV ieri? (guardare)
9   Non abbiamo ancora _____ il risultato. (sapere)
10 Carlo, hai _____ freddo? (sentire)

II. Adesso usa solo l'ausiliare avere:

1   "Bambini, _____ ascoltato la canzone?"
2   "Claudia, _____ ricordato il nome del candidato?"
3   Non so se Marco _____ pulito tutto.
4   "I tuoi genitori _____ avuto paura?"
5   "Tu e tua figlia _____ tentato di tornare?"
6   "I suoi bambini _____ giocato a tennis?"
7   Il dottore _____ pensato a tutto.
8   Gli avvocati _____ parlato a lungo.
9   Le signore _____ preferito riposare.
10 Il signore _____ fumato tantissimo.

III. Lo fai da solo:

1   "Quante macchine _____, Mario?" (avere)
2   "Bambini, _____ tutto?" (mangiare)
3   "Cara amica, tu non _____ niente." (capire)
4   "Quando voi _____ Marta?" (conoscere)
5   "Le dottoresse _____ la risposta?" (dare)
6   Monica _____ tutta la notte. (ballare)
7   Noi _____ poco. (nuotare)
8   "Chi _____ mai _____ la Grecia?" (visitare)

9 Loro non _____ il mio invito. (accettare)

10 Io non _____ mai _____ una cosa del genere. (immaginare)

> **Avere + participio passato irregolare**
> Es.: accendere – acceso; spegnere – spento; leggere – letto; scrivere – scritto; dire – detto; fare – fatto; decidere – deciso; prendere – preso; spendere – speso; rompere – rotto; aprire – aperto; offrire – offerto; soffrire – sofferto; vedere – visto; tradurre – tradotto; rompere – rotto; perdere – perduto (perso); piangere – pianto

IV. Completa:

1 Ieri Fabrizio non _____ a suo padre. (scrivere)

2 La settimana scorsa, Gianna _____ un conto in banca. (aprire)

3 Due anni fa, io e il mio fidanzato _____ una decisione importante. (prendere)

4 "Voi _____ la partita?" (vedere)

5 Io non _____ mai _____ i miei soldi così. (spendere)

6 Da quando stiamo insieme, lui non mi _____ pagare un caffé. (fare)

7 "Perché i due fratelli _____ di separarsi?" (decidere)

8 "Chi vi _____ da bere?" (offrire)

9 Noi _____ molto quando _____ il nostro compagno. (soffrire) (perdere)

10 Lucia _____ che il suo capo non le vuole bene. (dire)

> **Altri participi passati irregolari:**
> aggiungere – aggiunto; accogliere – accolto; accendere – acceso; ammettere – ammesso; costringere – costretto; correre – corso;

correggere – corretto; dipingere – dipinto; deludere – deluso; invadere – invaso; mettere – messo; muovere – mosso; perdere –perso (perduto); piangere – pianto; promettere – promesso; raggiungere – raggiunto; ridere – riso;; spegnere – spento; spingere – spinto; stringere – stretto; valere – valso; vincere – vinto; tradurre – tradotto; ridurre – ridotto; rompere – rotto; scegliere – scelto; sciogliere – sciolto; raccogliere – raccolto; rimanere – rimasto

Verbi che prendono ausiliare *essere*:
andare, venire, partire, arrivare, salire, scendere, entrare, uscire, nascere, morire, restare e rimanere, essere, stare, tornare, ritornare, riuscire, piacere, diventare, cadere, succedere, tutti i verbi riflessivi
Con l'ausiliare *essere*, il participio passato del verbo s'accorda in genere e numero.
Es:. Carlo: "Sono andato al mare"; Maria: "Sono andata al mare"
Carlo e Maria: "Siamo andati al mare"; Carla e Maria: "Siamo andate al mare."

V. Completa:
1. Luigi è partit____ stamattina.
2. Carla si è lavat____ con la mia saponetta.
3. "Come mai tu non sei uscit____, Laura?"
4. "Siete rimast____ molto tempo fuori città, ragazze?"
5. Enzo e io siamo sces____ per comprare il pane.
6. È mort____ un carissimo amico.
7. Non mi è piaciut____ la storia.
8. "Quando sei tornat____, Giulia?"
9. I ragazzi sono stat____ in montagna.
10. "Perché non è venut____ ancora la nuova professoressa?"

VI. Fai tutto da te:

1. "Perché i bambini _____ così tristi?" (rimanere)
2. "A che ora _____, bella? (partire)
3. "Quando _____, carissimi?" (arrivare)
4. "Perché non _____ prima, bambine?" (venire)
5. "Lisa _____ dalla bicicletta e si è fatta male." (cadere)
6. "Come _____ così ricco quell'uomo?" (diventare)
7. Io non _____ ancora _____ a sapere come si fa questo. (riuscire)
8. "Voi _____ da Sofia ieri?" (essere)
9. "Piero, _____ a piedi?" (salire)
10. "Quanti bambini _____?" (nascere)

Verbi riflessivi o pronominali: ausiliare *essere*

Lavarsi: io mi sono lavato (a), tu ti sei lavato (a), lui / lei si è lavato (a), noi ci siamo lavati (e), voi vi siete lavati (e), loro si sono lavati (e)

VII. Completa:

1. "Sai se Lucia _____ già _____?" (sposarsi)
2. Gianpietro _____ l'anno scorso. (laurearsi)
3. _____ alle sei stamattina. (io) (svegliarsi)
4. "_____ di essere venuto?" (tu) (pentirsi)
5. I ragazzi _____ di portare la chiave. (dimenticarsi)
6. _____ perché non gli hai telefonato. (loro) (arrabbiarsi)
7. Non _____ che ieri era il mio compleanno. (tu) (ricordarsi)
8. Quando _____ dello sbaglio, era tardi. (noi) (accorgersi)
9. Siamo arrivati tardi perché _____ per strada. (perdersi)
10. Io _____ già _____ ad essere trattata così male! (abituarsi)

VIII. Continua:

1. "Perché voi due non _____ vivi?" (farsi)
2. I fratelli _____ della notizia. (spaventarsi)
3. Voi _____ e non _____. (sbagliarsi) (scusarsi)
4. "Sei enorme! Perché non _____ ancora _____ a dieta?" (mettersi)
5. Io _____ i capelli e non li ho asciugati. (lavarsi)
6. "Perché non _____ ancora _____?" (voi) (muoversi)
7. "Quando è stata l'ultima volta che voi _____? (vedersi)
8. "Questo mondo _____ completamente _____!" (trasformarsi)
9. "A carnevale come _____?" (travestirsi) (tu)
10. Io e mia zia _____ alcune foto ieri. (scambiarsi)

19 Oggetti diretti e concordanza con il participio passato

Es.: La penna, *la* ho comprat*a*; Il libro, lo ho comprato; Le penne, l*e* ho comprate; *I* libri, li ho comprat*i*; Di libri, n*e* ho comprat*o uno* (*ne* ho comprati *due* (*tanti, vari...*) (non *ne* ho comprato *nessuno*); Di penne, ne ho comprata una (ne ho comprate *due* (*poche, alcune, parecchie...* (non *ne* ho comprat*a nessuna*)

I. Completa con *a, e, o* o *i*:

1. Le scarpe? Le ho comprat _____ allo shopping.
2. Il pane, l'ho portat _____ ieri.
3. La ragazza? L'ho invitat _____ io.
4. I dolci? Li ho mangiat _____ tutti.
5. Della torta non ne ho assaggiat _____ neanche un pezzetto.

EXERCÍCIOS DE ITALIANO

6 "Quante birre hai preso?" "Ne ho pres_____ tre."
7 "Quante sigarette hai fumato?" "Non ne ho fumat_____ nessuna."
8 "Ha una macchina nuova lui?" "Sì, ma non l'ho vist_____ ancora."
9 "Hai bevuto molto vino?" No, ne ho bevut_____ poco."
10 "Quanti denti hai tolto?" "Non ne ho tolt_____ nessuno."

II. Completa come sopra:

1 "Dove hai preso le bottiglie?" "_____ ho pres_____ giù"
2 "Quante medicine avete preso?" "_____ abbiamo pres_____ quattro."
3 "Lei ha bevuto molto vino?" "No, _____ ho bevut_____ solo un bicchiere."
4 "Carlo ha mangiato molta pasta?" "Sì, _____ ha mangiat_____ tanta."
5 "Hanno vinto la partita?" "No, purtroppo _____ hanno pers_____"
6 "Quanti clienti avete ricevuto oggi?" "_____ abbiamo ricevut_____ tre."
7 "Ha emesso dei passaporti, signorina?" "Non _____ ho emess_____ nessuno."
8 "Ora li sai i verbi?" "Tutti no, ma _____ ho imparat_____ molti."
9 "Abbiamo molti studenti?" "Sì, per fortuna _____ abbiamo iscritt_____ tanti."
10 "Hai trovato i tuoi guanti?" "Purtroppo non _____ ho ritrovat_____ ancora."

III. Come sopra:

1 "_____ hai lavat_____ la camicia?"
2 "_____ avete assaggiat_____ i dolci?"
3 "A che ora _____ hanno vist_____ l'assassino?"
4 "Perché _____ hanno arrestat_____ la ragazza?"
5 "Le arance, perché non _____ avete sbucciat_____?"
6 "_____ hanno pulit_____ i vetri?"
7 "Di biglietti, quanti _____ hanno inviat_____?"
8 "Di conferenze, quante _____ avete avut_____?
9 "Dov´è autrice del libro?" "Non _____ ho vist_____ arrivare."
10 I mobili, _____ abbiamo spolverat_____ tutti.

59

IV. Come sopra:

1. "Hai visto la partita?" "Sì, _____ ho vist_____."
2. "Avete preso l'aereo?" "No, non _____ abbiamo pres_____"
3. "Ha cominciato i lavori?" "Sì, _____ ha cominciat_____."
4. "Quando avete visto le ragazze?" "_____ abbiamo vist_____ ieri."
5. "Perché avete scelto questa lavatrice?" "_____ abbiamo scelt_____ perché è economica."
6. "Quanti bicchieri di vino hanno bevuto?" "_____ hanno bevut_____ tanti."
7. "Hai scritto già le lettere?" "No, non _____ ho ancora scritt_____."
8. "Quante lingue avete imparato?" "_____ abbiamo imparat_____ tre."
9. "Hai preso il mio ombrello?" "Sì, _____ ho pres_____."
10. "Hai letto la storia?" "Sì, _____ ho lett_____ varie volte."

Oggetti diretti e indiretti (solo i diretti con le concordanze)

V. Completa:

1. "Vedi quella signora lì?" "Sì, e _____ ho già vist_____ qui altre volte."
2. "Avete telefonato ai cantanti?" "Sì, _____ abbiamo telefonat_____ ieri."
3. "Signore, _____ ho già spiegat_____ che non può restare qui."
4. "Bambini, _____ ho già dett_____ di andare a letto."
5. "Hanno aiutato la ragazza?" "Sì, _____ hanno aiutat_____ moltissimo."
6. "Avete scoperto il suo nome?" "Sì, _____ abbiamo scopert_____ poco fa."
7. "Hanno comprato molte cose?" "Sì, _____ hanno comprat_____ tante."
8. "Ha spiegato alla moglie perché è arrivato tardi?" "Sì, _____ ha spiegat_____ tutto.
9. "Hai capito la decisione di Marco?" "No, non _____ ho assolutamente capit_____."
10. "Hai chiamato il medico" "No, non _____ ho ancora chiamat_____."

20 Pronomi doppi

I pronomi atomi indiretti **mi**, **ti**, **gli**, **le**, **ci** e **vi** diventano **me**, **te**, **glie**, **ce** e **ve** prima dei pronomi diretti **lo**, **la**, **li**, **le** e **ne**.

Lo: me lo, te lo, glielo, ce lo, ve lo

La: me la, te la, gliela, ce la, ve la

Li: me li, te li, glieli, ce li, ve li

Le: me le, te le, gliele, ce le, ve le

Ne: me ne, te ne, gliene, ce le, ve le

I. Completa:

1 "Ci dai la rivista?" "Sì, ____________ do."

2 "Mi porti i bicchieri?" "____________ porto subito."

3 "Regali i giocattoli a Carlo?" "Sì, ____________ regalo."

4 "Mi scrivete una canzone?" "Sì, ____________ scriviamo appena possibile."

5 "Prestate i libri agli amici?" "No, non ____________ prestiamo."

6 "Offrono dei vantaggi agli impiegati?" "Sì, ____________ offrono tanti."

7 "Mi dai una mela?" "Eccola. ____________ do."

8 "Mi faresti un favore?" "Certo che ____________ faccio."

9 "Ci fate vedere le vostre fotografie?" "No, sono brutte. Non ____________ mostriamo."

10 "Comprate la macchina a vostra figlia?" "Sì, ____________ compriamo."

II. Trasforma le frasi secondo il modello:

"Luigi ti presta mai la macchina?" "Sì, me la presta spesso."

1 "Carla vi prepara mai la colazione?"
"Sì, ____________________."

2 "Luisa ti presta mai i soldi?"
   "Sì, _____."
3 "Marco ti compra mai il giornale?"
   Sì, _____."
4 "Paolo vi chiede mai mie notizie?"
   "Sì, _____."
5 "Franco ti da mai la macchina?"
   "Sì, _____."
6 "I tuoi genitori ti danno mai i soldi?"
   "Sì, _____."
7 "Vostra madre vi da mai i giocattoli?"
   "Sì, _____."
8 "Tuo marito ti manda mai dei fiori?"
   "Sì, _____."
9 "Tua nonna ti spedisce mai delle cartoline?"
   "Sì, _____."
10 "Il vostro professore vi ripete delle spiegazioni?"
   "Sì, _____."

III. Sostituisci le parole sottolineate usando i pronomi:

1. Do l'ombrello a te. _____ do con piacere.
2. Michele offre il vino a noi. _____ offre.
3. Ernesto offre il formaggio a noi. _____ offre.
4. Regaliamo gli orecchini alle ragazze. _____ regaliamo.
5. Chiede a me gli esami. _____ chiede.
6. Invio la lettera a voi. _____ invio.
7. La segretaria da a noi i biglietti. _____ da appena possibile.
8. Offriamo paste alla signora. _____ offriamo molte.
9. Do i fogli a Cinzia. _____ do pochi.
10. Domandiamo il numero ai bambini. _____ domandiamo.

IV. Rispondi:

1. "Mi dai le chiavi?" "Eccole. _____."
2. " Mi offri un passaggio?" "Certo che _____."
3. "Ci dai un'informazione?" Sì, _____."
4. "Avete chiesto l'indirizzo a Paola?" "Sì, _____."
5. "Ci daranno l'aiuto necessario?" "_____ subito."
6. "Mi dai la mela?" "Sì, _____."
7. "Ci regali un computer?" "No, purtroppo non _____ posso regalare."
8. "Gli offro dei cioccolatini?" "Sì, grazie. Offri _____!"
9. "Gli hai promesso delle spiegazioni?" "Sì, _____ ho promesse."
10. "Ti chiede la macchina tuo figlio?" "Sì, _____ spesso."

V. Riscrivi le frasi usando i pronomi :

1. Luisa porta *la colazione a sua madre*.

2. Regaliamo *i fiori alle ragazze*.

3. Prendo *la sigaretta* e fumo *la sigaretta*.

4. Compriamo *le caramelle* e mangiamo *le caramelle*.

5. Potete bere *l'aranciata*.

6. Vogliamo dare *i soldi a voi*.

7. "Puoi darmi *un passaggio*?"

8. "Telefono *a Lei* domani, signore."

9   Manderò *una cartolina ai miei.*

10 "*Mi* porti un pupazzo?"

21 Futuro semplice

are e **ere**: erò, erai, erà, eremo, erete, eranno

ire: irò, irai, irà, iremo, irete, iranno.

I. Completa:

1   "Quando _____ Marco?" (partire)
2   "Perché _____ solo il mese prossimo tua madre?" (arrivare)
3   "_____ da soli i bambini?" (imparare)
4   Tra due mesi io _____. (tornare)
5   La settimana prossima _____ la nostra nuova macchina. (comprare)
6   _____ meglio le cose quando sarai arrivato lì. (capire)
7   I ragazzi _____ l'anno prossimo. (sposarsi)
8   "Lei _____ prendere l'aereo, signora?" (preferire)
9   "Bambini, _____ questo pomeriggio?" (studiare)
10 "Tu e tuo marito, cosa ci _____ a pranzo?" (servire)

Attenzione ai verbi in **ciare** (cerò) e in **giare** (gerò)

II. Come sopra:

1   "_____ la tua ragazza?" "Sì, la chiamerò."
2   "Mangerete in ristorante?" "No, _____ a casa."
3   "Che locale sceglieranno?" "_____ qualcosa a buon mercato."

4 "Prenderà un cappuccino, signora?" "No, grazie. _____ una spremuta."

5 "A che ora _____ lo spettacolo?" "Comincerà alle nove."

6 "A Marta _____ l'insalata?" "Sì, credo che le piacerà."

7 "Ci sarà ancora molta gente in classe?" "No, _____ solo due o tre persone."

8 "Bambini, quando viaggerete?" "_____ lunedì."

9 "Sono sicura che i cioccolatini _____ a Piero." "Secondo me sarà deluso."

10 "Chi _____ l'infermiere?" "Lo chiamerò io."

Verbi irregolari

andare (andrò, andrai, andrà...); avere (avrò, avrai, avrà...); bere (berrò, berrai, berrà...); cadere (cadrò, cadrai, cadrà...); dovere (dovrò, dovrai, dovrà...); potere (potrò, potrai, potrà...); rimanere (rimarrò, rimarrai, rimarrà...); sapere (saprò, saprai, saprà...); vivere (vivrò, vivrai, vivrà...); vedere (vedrò, vedrai, vedrà ...); venire (verrò, verrai, verrà...); volere (vorrò); volerci (ci vorrà, ci vorranno)
essere (sarò); esserci (ci sarà, ci saranno) stare (starò); dare (darò); fare (farò)

III. Completa:

1 "Lei, signore, _____ restare ancora un giorno?" (volere)

2 Io _____ in vacanze il mese prossimo. (andare)

3 I miei _____ fuori tutto il mese. (stare)

4 La prossima estate _____ tutti i miei amici a casa mia. (venire)

5 Luigi _____ in città fino a domenica. (rimanere)

6 I Santini _____ subito dove andare. (sapere)

7 _____ vari anni per imparare questa lingua. (volerci)

8 "Quante presentazioni _____?" (esserci)

9 "Ernesto, _____ soldi abbastanza per una casa nuova?" (avere)

10 "Signori, quanto tempo _____ restare a Roma?" (potere)

Verbi regolari e irregolari

IV. Completa:

1. "Cosa _____ da grande, Andrea?" (fare)
2. "_____ sempre amici noi due, Claudia?" (essere)
3. _____ qualcosa da dire quei signori. (avere)
4. Io non _____ mai a capire cosa vuoi da me. (riuscire)
5. _____ matti tutti quelli che cercheranno una soluzione. (diventare)
6. "Chi _____ il professore?" (sostituire)
7. Semplicemente loro non lo _____. (salutare)
8. Nessuno _____ della mia mancanza. (accorgersi)
9. "Emilio, non _____ mai conto dei tuoi sbagli?" (rendersi)
10. Lucia _____ dalle nuvole quando _____ chi sei. (cadere) (sapere)

22 Futuro anteriore

ausiliare *avere* o *essere* al futuro, più il participio passato del verbo.
Es.: avrò fatto, avrai vinto, avrà comprato, avremo visto, avrete preso, avranno detto.
sarò andato (a), sarai partito (a), sarà sceso (a), saremo entrati (e), sarete arrivati (e), saranno venuti (e)
Es.: Marta farà la doccia e dopo cenerà.
Marta cenerà dopo che avrà fatto la doccia.
quando, *appena* e *dopo che* accompagnano spesso il futuro anteriore

I. Completa:

1. Appena _____ gli invitati, serviremo il vino. (arrivare)
2. Quando io _____ l'università, mi sposerò. (finire)

3   Ti racconterò tutto appena _____ le notizie. (arrivare)
4   Usciremo dopo che _____ tutto. (preparare)
5   Ti telefonerò non appena _____ il risultato. (sapere)
6   Cominceranno a protestare quando _____ le cose. (capire)
7   Andrà in Italia quando il corso _____. (finire)
8   "Quando _____ l'ultima rata della nuova macchina, cosa comprerete?" (pagare)
9   "Carlo è andato al cinema. Il film gli _____?" (piacere)
10 Appena _____, fumeremo una sigaretta. (scendere)

II. Come sopra:

1   Quando _____ di dipingere, Davi riposerà un po'. (finire)
2   Appena _____ sua figlia, lui partirà. (nascere)
3   Cambieremo casa quando loro _____ tutto. (pulire)
4   Quando arriverai lì, lui _____. (andarsene)
5   Dopo che _____ da Lucia, passeremo da te. (passare)
6   Diventerà matta quando _____ le sue bugie. (scoprire)
7   "Quando io mi sveglierò, voi _____ già _____?" (alzarsi)
8   Aggiungerai le cipolle solo dopo che l'aglio e la pancetta _____. (sciogliersi)
9   Dopo che noi _____ il caffè, chiederò il conto. (prendere)
10 Noi li _____ già _____ quando tu gli telefonerai. (convincere)

Il futuro esprime anche incertezza:

III. Completa:

1 "Dov'è Marco?" "Non lo so. _____ a casa." (andare)
2 "Dove sono andate le bambine?" "_____ allo shopping." (andare)
3 "Perché piange il bambino?" "_____ fame." (avere)
4 "Perché era così triste Lucia?" "Non so. Il suo ragazzo l'_____!" (lasciare)
5 "Quanto costa un appartamento in centro?" "Non _____ molto, secondo me. (costare)
6 "Quando verranno qui di nuovo?" "Ci _____ domani o dopodomani. (tornare)
7 "Chi è il calciatore più bravo?" "_____ io!" (essere)
8 "Che problema ha lui?" "_____ un incidente o _____ così? (avere) (nascere)
9 "È molto famosa?" "_____ pure famosa, ma a me non piace." (essere)
10 "Dicono che ha fatto fortuna in America." "_____ fortuna, ma è più stupido di prima."

23 Condizionale semplice

verbi regolari in **are** e **ere** (erei, eresti, erebbe, eremmo, ereste, erebbero)
in **ire** (irei, iresti, irebbe, iremmo, ireste, irebbero)

I. Completa:

1 "Dove _____ una casa, mamma?" (comprare)
2 "Per dove _____ tu e il tuo fidanzato in luna di miele?" (partire)

3 "_____ in pubblico, Lucia?" (cantare)

4 "Cosa _____ a casa vostra, ragazze?" (cambiare)

5 I tuoi genitori _____ questa tua decisione? (capire)

6 Io _____ l'Italia e la Francia. (visitare)

7 Noi due _____ il pesce e vino bianco. (prendere)

8 Loro _____ restare con noi. (preferire)

9 "Tu _____ al concorso?" (iscriversi)

10 "Lei _____ il mio aiuto?" (accettare)

Verbi irregolari

volere (vorrei); potere (potrei); dovere (dovrei); venire (verrei); andare (andrei); vivere (vivrei); rimanere (rimarrei); bere (berrei); cadere (cadrei); vedere (vedrei); esserci (ci sarebbe, ci sarebbero); volerci (ci vorrebbe, ci vorrebbero); Le irregolarità qui sono uguali a quelle dei verbi al futuro
Attenzione: fare (farei); stare (starei); dare (darei); essere (sarei)

II. Completa:

1 "Cosa _____ bere, Mario?" (volere)

2 _____ in Africa, ma non posso. (andare)

3 Mio marito _____ in Brasile. (rimanere)

4 "Ragazzi, _____ chiudere un po' le finestre?" (potere)

5 I signori _____ ordinare. (dovere)

6 Claudia _____ tutto il vino se potesse. (bere)

7 Io non _____ qui tutti i giorni. (venire)

8 "Tu e la tua famiglia, _____ all'estero?" (vivere)

9 Noi _____ di nuovo quel film. (vedere)

10 Giulio e Laura _____ una fortuna, ma spendono troppo. (avere)

III. Come sopra:

1 I Rossi _____ una festa, ma non hanno i soldi. (dare)

2 "Voi _____ un po' di vino?" (bere)

3 Loro _____ domani, ma non possono. (venire)
4 "Signora, le _____ di prendere un caffè adesso?" (andare)
5 "Bambini, vi _____ andare al cinema?" (piacere)
6 "Ci _____ la tua macchina?" (prestare)
7 "_____ chiederti un favore?" (potere) (io)
8 _____ 5 anni per finire questo lavoro. (volerci)
9 _____ delle manifestazioni se la maggioranza non fosse d'accordo. (esserci)
10 "Peccato che non vengano. _____." (divertirsi)

24 Condizionale composto

ausiliare *avere* o *essere* + participio
Es.: io sarei andato (a), tu saresti andato (a), lui sarebbe andato (a)...
Oppure io avrei comprato, tu avresti comprato, lui avrebbe comprato...

I. Completa:

1 Noi non _____ mai _____ la Francia senza quei soldi. (visitare)
2 Loro _____, ma pioveva. (uscire)
3 Marco, _____ a piedi? (salire)
4 Io _____ tutto il possibile, ma non ero qui. (fare)
5 Quanti abiti _____, Angela? (comprare)
6 Voi _____ tutto quell'articolo? (tradurre)
7 Quanto denaro gli _____, signore? (dare)
8 Le _____ la verità, ma non ho avuto il coraggio. (dire)
9 Tu _____ se fossi rimasto a casa. (pentirsi)
10 Noi _____ un brutto raffreddore in quella pioggia. (prendere)

II. Come sopra:

1. "Hai sbagliato! _____ rispondere con calma." (dovere)
2. "_____ volentieri a Firenze, ma non ho potuto farlo. (tornare)
3. "Perché non siete venuti? _____." (divertirsi)
4. "È vero che si sono separati? Non l'_____ mai." (immaginare)
5. Stavamo così bene che _____ vincere." (potere)
6. "È partita Claudia? Peccato! Mi _____ salutarla. (piacere)
7. "E allora, vieni o non vieni?" "_____, ma non posso. (venire)
8. "Se sapevi che _____ così, perché non hai fatto niente?" (finire)
9. "Chi _____ mai _____ che le cose _____ a finire così?" (pensare) (andare)
10. Ero convinto che lui _____ con il treno delle 5:00. (partire)

III. Semplice o composto?

1. Avevamo detto che non _____ (venire)
2. Sono stanchissimo. _____ tutta la giornata se potessi. (dormire)
3. "Ho fatto male? Come mai? Tu cosa _____ ?" (fare)
4. _____ portarmi alla stazione, ma non hanno potuto. (volere)
5. "Sai dov'è Gianni?" "No, non _____ dirtelo." (sapere)
6. Immaginavo che i tuoi _____ alla tua festa. (venire)
7. _____ la verità, ma non hanno il coraggio. (dire)
8. Credevano che i prezzi _____. (salire)
9. Quando mi _____ la tua macchina? (dare)
10. Ti _____ alla nostra festa, ma non eri in città. (invitare)

> Osserva che se il primo verbo è al passato, non si usa il condizionale presente!
>
> Es.: Giovanna ha detto che sarebbe venuta.
>
> Gli ingegneri hanno dichiarato che non avrebbero chiesto altri soldi.

IV. Prova tu:

1. Marco ha detto che i suoi genitori _____ il giorno dopo. (arrivare)
2. Si è saputo che i test _____. (essere cancellati)
3. Non era detto che lui _____. (laurearsi)
4. Nessuno credeva che lei _____. (tornare)
5. "Chi ti ha chiesto se loro _____ colazione?" (fare)
6. "Non sapevamo che _____ un test!" (esserci)
7. L'anno scorso vi _____ sapere che saremmo in queste condizioni oggi. (piacere)
8. Lui si dimenticava che nei giorni seguenti _____. prendere la decisione. (dovere)
9. Avete risposto che _____ ed invece... (allenarsi)
10. Ha spiegato che non _____. (desistere)

25 L'imperfetto

Verbi regolari

Are: avo, avi, ava, avamo, avate, avano

Es.: parlavo, parlavi, parlava, parlavamo, parlavate, parlavano

Ere: evo, evi, eva, evamo, evate, evano

Es.: prendevo, prendevi, prendeva, prendevamo, prendevate, prendevano

Ire: ivo, ivi, iva, ivamo, ivate, ivano

Es.: partivo, partivi, partiva, partivamo, partivate, partivano

> **Verbi irregolari**
>
> **Essere**: ero, eri, era, eravamo, eravate, erano
>
> Attenzione a: fare (facevo); dire (dicevo); bere (bevevo); porre (ponevo); trarre (traevo); produrre (producevo)
>
> Esserci (c'era, c'erano); piacere (piaceva, piacevano) volerci (ci voleva, ci volevano)
>
> Usa l'imperfetto per le abitudini al passato (1) e per l'azione più lunga quando ci sono due azioni contemporanee al passato (2).
>
> Es.: (1) Quando ero piccola studiavo poco.
>
> (2) Guardavo la TV (azione lunga) quando lui è entrato (azione corta nel passato prossimo).

I. Completare:

1. "Quanti anni _____ quando ti sei sposato?" (avere)
2. "_____ spesso a teatro quando eri giovane?" (andare)
3. "Chi vi _____ storie quando eravate piccole?" (raccontare)
4. "Vi _____ molti giocattoli i vostri genitori?" (dare)
5. Mia moglie e io _____ lunghi viaggi prima di sposarci. (fare)
6. _____ tanto quando era all'estero il mio amico. (soffrire)
7. Ti _____ giocare a calcio quando eri piccolo? (piacere)
8. Claudio _____ l'alunno più bravo della classe. (essere)
9. I bambini _____ ai genitori molto spesso. (scrivere)
10. "_____ uscire o restare a casa quando eravate piccoli?" (preferire)

II. Come sopra:

1. "A che ora tu _____ al lavoro prima?" (arrivare)
2. Alla lezione _____ solo 5 persone. (esserci)
3. "Quanti soldi _____ per comprare quella casa?" (volerci)
4. Marco e Lucia _____ parolacce quando erano arrabbiati. (dire)

5. "Come _____ quando erano giovani?" (vestirsi)
6. "_____ durante le passeggiate che facevi?" (annoiarsi)
7. "Da dove _____ gli alunni che avevi?" (venire)
8. "Quante volte al giorno voi _____ prendere la medicina?" (dovere)
9. Noi _____ i dollari una volta alla settimana. (cambiare)
10. Io non _____ essere avvocato. (volere)

III. Come sopra:

1. Quando la mamma è arrivata, lui _____ i suoi compiti. (fare)
2. Io _____ i piatti quando il telefono ha suonato. (lavare)
3. Sono rimasta a casa perché _____. (piovere)
4. I signori hanno visto che tutti i loro tentativi _____ inutili. (essere)
5. "Tu _____ che Carlo si è laureato?" (sapere)
6. "Cosa _____ quando uscivi con gli amici?" (bere)
7. "_____ retta a quello che ti dicevano i tuoi genitori?" (dare)
8. "Quando _____ di lavorare, dove andavate?" (finire)
9. "_____ tu prima al telefono?" (essere)
10. "Da quanto tempo non _____?" (voi) (vedersi)

IV. Usa L'imperfetto:

1. Maria _____ che _____ fame. (dire) (avere)
2. I bambini _____ mentre la mamma _____ il pranzo. (giocare) (preparare)
3. Io _____ a casa ieri sera. (essere)
4. "Quanti anni _____ quando hai comprato la tua macchina?" (avere)
5. Mia moglie e io _____ molto giovani quando ci siamo sposati. (essere)

6   "Cosa _____ tu e tuo marito prima di sposarvi?" (fare)
7   A casa mia io e i miei fratelli non _____ parolacce. (dire)
8   (Io) _____ che la vita a Roma fosse meno difficile. (pensare)
9   Mentre lui _____ i piatti, noi _____ ai parenti. (asciugare) (scrivere)
10 "Ti _____ le bambole quando _____ piccola?" (piacere) (essere)

26 Trapassato

Ausiliari *avere* o *essere* e participio passato del verbo

Es.: avevo comprato, avevi comprato, aveva comprato, avevamo comprato, avevate comprato, avevano comprato

ero arrivato (a), eri arrivato (a), era arrivato (a), eravamo arrivati (e), eravate arrivati (e), erano arrivati (e)

Il trapassato è anteriore a un' azione al passato:

Es.: Ho comprato un libro oggi. Ho cominciato a leggerlo e mi sono accorta di conoscerlo già. Non mi ricordavo, ma lo *avevo* già *letto* prima.

I. Usa il trapassato:

1   "Voi _____ già _____ in Italia prima?" (essere)
2   "Tu _____ mai _____ una donna così bella prima? (vedere)
3   "Tu _____ già _____ prima di conoscermi?" (innamorarsi)
4   "Quanti libri di questo autore voi _____ già _____?" (leggere)
5   "Tu e il tuo ragazzo _____ già _____ insieme?" (viaggiare)

6. Noi non _____ ancora _____ a completare il tragitto. (riuscire)
7. I Beatles _____ già _____ famosi quando li ho sentiti per la prima volta. (diventare)
8. I miei genitori _____ già _____ quando io li ho chiamati per avvisarli che sarei rientrata tardi. (arrabbiarsi)
9. Noi non _____ mai _____ una canzone così bella. (sentire)
10. Mi _____ già _____ e _____ quando hai telefonato. (lavarsi) (prepararsi)

II. Usa l'imperfetto, il passato prossimo o il trapassato:

1. "Quanti anni _____ i bambini quando _____?" (avere) (partire)
2. "_____ a casa ieri sera, Giorgio?" (essere)
3. Carlo _____ già _____ quando io _____. (partire) (arrivare)
4. Maria ed io non _____ i biglietti per lo spettacolo, perciò, siamo rimasti a casa. (avere)
5. "Chi ti _____ da mangiare quando _____ piccolino?" (dare) (essere)
6. L'anno scorso le lezioni _____ molto più presto. (finire)
7. (Io) _____ già _____ molti ragazzi quando _____ Carlo. (avere) (sposare)
8. Quando _____ del mio sbaglio, _____ già troppo tardi. (rendersi conto) (essere)
9. "Quando (voi) _____ piccoli, dove vi _____ giocare?" (essere) (piacere)
10. (Noi) _____ fame e _____ al bar. (avere) (fermarsi)

27 L'imperativo

Verbi in **are**: (tu) a; (Lei) * i; (noi) iamo; (voi) ate
Verbi in **ere**: (tu) i; (Lei) * a: (noi) *iamo*; (voi) ete
Verbi in **ire**: (tu) i; (Lei) *a; (noi) *iamo*; (voi) ite
Es.: lavare: (tu) lava; (Lei) lavi; (noi) laviamo; (voi) lavate
  Alcuni italiani usano Loro quando parlano formalmente a più di una persona.
Es.: Signori, entrino e si accomodino. (are – ino) (ere – ano) (ire – ano)
  Le desinenze di Lei e Loro sono quelle del congiuntivo presente.
Es.: che io compri; che io veda; che io parta
  Allora, "Signora, compri!"; "Signore, veda!"; "Signora, parta!
Attenzione ai verbi irregolari:
Es.: che io vada; che io venga; che io dica
Es.: "Signore, dica la verità!"

I. Completa:

1. "Marta, _____ di più!" (studiare)
2. "Signora Monti, _____!" (entrare)
3. "Ragazzi, _____!" (cantare)
4. "Marco, _____ il tuo libro a Luigi!" (prestare)
5. "_____ i piatti, Lucia!" (asciugare)
6. "_____ voi, i bambini a scuola, va bene?" (portare)
7. "_____, Luca! Tua madre sta arrivando." (guardare)
8. "_____, signore! Il dottore sta arrivando." (aspettare)
9. "_____ un'altra e-mail al direttore!" (mandare – noi)
10. "_____ questa nuova canzone, Gianna!" (ascoltare)

II. Completa:

1. "_____ la luce prima di uscire, per favore, Carlo." (spegnere)
2. "_____ il cliente adesso, signorina!" (chiamare)

3 "_____ bene i colori, Mario!" (osservare)
4 "Signori, _____ i vostri ombrelli qui, prego!" (mettere)
5 "_____ un altro giorno, signore!" (ripassare)
6 "Rosa, _____ subito alla lettera!" (rispondere)
7 "_____ pure una decisione, cara!" (prendere)
8 "Professore, _____ ancora il significato di queste parole." (spiegare)
9 "_____ la finestra, per favore, signora!" (chiudere)
10 "_____ questa storia, Franco!" (dimenticare)

III. Come sopra:

1 "_____ questo pacchetto oggi!" (spedire – noi)
2 "_____ di mangiare e andate a letto, bambini!" (finire)
3 "_____ il mio consiglio, figlia!" (seguire)
4 "_____ domani! Resta ancora un po'." (partire)
5 "Perché non rimane? _____ un'altra settimana." (restare)
6 "_____ la signora, figlio!" (rispettare)
7 "_____ un taxi, Luisa!" (chiamare)
8 "_____ vostro padre, ragazzi!" (aiutare)
9 "_____, signori!" (perdonare)
10 "Se volete, _____ i CD." (comprare)

IV. Completa con l'imperativo:

1 "_____ la finestra subito!" (chiudere) (voi)
2 "_____ di casa più presto" (uscire) (tu)
3 "_____ le tende!" (aprire) (noi)
4 "_____ un'altra sigaretta!" (fumare) (tu)
5 "_____ il latte!" (bere) (tu)
6 "_____ tutto più piano, per favore!" (ripetere) (voi)
7 "_____ piano!" (parlare) (tu)

8 "Non capisco. _____!" (ripetere) (tu)
9 "_____ domani!" (telefonare) (voi)
10 "_____ di mangiare!" (finire) (tu)

> Osserva che tutti i pronomi vengono dopo il verbo con tu, noi e voi.
> Es.: "Lavati!"; "Laviamoci!"; "Lavatevi!" **Ma**, "Si lavi!"

V. Come sopra:

1 "_____!" (vestirsi) (tu)
2 "_____!" (lavarsi) (voi)
3 "_____!" (prepararsi) (noi)
4 "_____!" (affrettarsi) (voi)
5 "_____!" (sbrigarsi) (tu)
6 "_____!" (alzarsi) (noi)
7 "_____!" (ricordarsi) (voi)
8 "_____!" (riunirsi) (noi)
9 "_____!" (fermarsi) (tu)
10 "_____!" (muoversi) (tu)

VI. Adesso completa con Lei:

1 "Signora, _____ adesso!" (entrare)
2 "Signore, _____ subito!" (partire)
3 "Signora, _____, prego!" (sedersi)
4 "Signore, _____!" (accomodarsi)
5 "Signora, _____!" (presentarsi)
6 "Signore, _____ la scheda!" (compilare)
7 "Signora, _____ qui il suo nome!" (scrivere)
8 "Signore, _____ alle domande!" (rispondere)
9 "Signora, _____ presto!" (tornare)
10 "Signore, _____ il pacco!" (spedire)

VII. Usa gli oggetti con l'imperativo:

(Ricordati! Tu, Noi, Voi, pronomi dopo il verbo)
Es.: "Compralo!"; "Compriamolo!"; "Compratelo!" **ma,** "Lo Compri!"

1. "Carla, _____ la luce! _____!" (spegnere)
2. "Mario, _____ i documenti! _____!" (portare)
3. "Bambine, _____ gli articoli! _____!" (studiare)
4. "Ragazzi, _____ le frasi! _____!" (copiare)
5. "Dimitri, mi accompagni? _____!" (accompagnare)
6. "Prendiamo una birra? _____!" (prendere)
7. "Ci inviti a casa tua? _____!" (invitare)
8. "Ci portate a scuola oggi? _____!" (portare)
9. "Mi aiuta, signore? _____!" (aiutare)
10. "_____ questa canzone, Lucia! _____!" (ascoltare)

VIII. Adesso, parla a un signore: (Ricordati! I pronomi vengono prima dei verbi)

1. "_____!" (alzarsi)
2. "_____!" (riposarsi)
3. "_____!" (sedersi)
4. "_____!" (accomodarsi)
5. "_____!" (tranquillizzarsi)
6. "_____!" (controllarsi)
7. "_____!" (spiegarsi)
8. "_____!" (sbrigarsi)
9. "_____ la giacca!" (mettersi)
10. "_____ il cappello!" (togliersi)

Pronomi riflessivi, pronominali, semplici e doppi si comportano nello stesso modo.

Es.: "Mettiti la giacca! Mettitela!"; "Mettiamocela!"; "Mettetevela!" **ma,** "Se la metta!"

IX. Usa l'imperativo con i pronomi:

1. Di' a tua figlia di mettersi il giubbotto. "_____!"
2. Di' alla signora di provarsi i pantaloni. "_____!"
3. Di' a Roberto di lavarsi i capelli. "_____!"
4. Di' ai tuoi amici di telefonare al professore. "_____!"
5. Di' al direttore di sedersi. "_____!"
6. Di' alle ragazze di prepararsi. "_____!"
7. Di' ai bambini di togliersi le magliette. "_____!"
8. Di' alla tua amica di coprirsi la testa. "_____!"
9. Di' al signore di servirsi. "_____!"
10. Di' al tuo amico di accomodarsi. "_____!"

Verbi irregolari
andare: va' (tu); vada (Lei); andiamo (noi); andate (voi)
dare: da' (tu), dia (Lei); diamo (noi); date (voi)
fare: fa' (tu), faccia (Lei); facciamo (noi); fate (voi)
dire: di' (tu); dica (Lei); diciamo (noi); dite (voi)
stare: sta' (tu), stia (Lei); stiamo (noi); state (voi)
avere: abbi (tu); abbia (Lei); abbiamo (noi); abbiate (voi)
essere: sii (tu); sia (Lei); siamo (noi); siate (voi)

X. Completa con i verbi tra parentesi:

1. "Carlo, _____ a vedere quel film. È molto bello. (andare)
2. "Roberto, _____ qualcosa da mangiare al cane." (dare)
3. "Ragazze, _____ presto, vi prego." (fare)

4 "Bambini, _____ buoni." (essere)
5 "Luisa, _____ a Marta di telefonarmi." (dire)
6 "_____ forza, amici!" (avere)
7 "_____ attento, Mario!" (stare)
8 "Mi _____ signora, posso aiutarla?" (dire)
9 "_____ tranquilli, signori!" (stare)
10 "Signore, _____ speranza!" (avere)

> Con **da'**, **sta'**, **fa'**, **di** e **va'**, si raddoppia la prima consonante dei pronomi **mi, ti, ci, lo, la, le, li**.
> Es.: "Vallo a vedere"; "Vattene!"; "Dimmi!"; "Dimmelo!", "Fammi vedere!"; "Fammelo capire!"

XI. Completa:

1 "Perché non vai a vedere la mostra? _____!" (andarci)
2 "Perché non mi senti? _____ spiegartelo!" (farmi)
3 "Perché non lo fai? _____!" (farlo)
4 "Perché non lo dici? _____!" (dirlo)
5 "_____ a sentire, bella!" (starmi)
6 "_____ il tuo numero, per favore!" (darmi)
7 "Perché non lo fai il viaggio? _____!" (farlo)
8 "_____ vedere! Quanto sei elegante!" (farsi)
9 "_____ capire!" (farmelo)
10 "Non continuare qui! _____!" (andarsene)

> **Imperativo negativo**
> (tu) **non** + verbo all'infinito (le altre persone non cambiano)
> Es.: "Maria, non parlare!"; "Claudio, non scrivere!"; "Bambina, non uscire!"

XII. Completa:

1 "Ragazzi, non _____ !" (gridare)
2 "Figlio, non _____ tardi!" (arrivare)
3 "Ragazze, non _____ tanto!" (mangiare)
4 "Cara, non _____ !" (fumare)
5 "Carissimi, non _____ storie!" (fare)
6 "Michele, non _____ la cucina!" (sporcare)
7 "Signora, non _____ una cosa del genere." (dire)
8 "Signorina, non _____ i documenti." (dimenticare)
9 "Marcello, non ti _____ di me!" (scordare)
10 "Dopo non _____ a dirmi che non ti ho avvisato!" (venire)

28 I vari *ci*

Avere + ci + lo (la): io ce l'ho, tu ce l'hai, lui ce l'ha, noi ce l'abbiamo, voi ce l'avete, loro ce l'hanno

Avere + ci + li (le): io ce li (le) ho, tu ce li (le) hai, lui ce li (le) ha,...

I. Rispondere:

Modello:
"Hai la macchina?
"Sì, ce l'ho."

1 "Avete gli occhiali da sole?" _____
2 "Hanno l'ombrellone?" _____
3 "Lui ha lo spazzolino da denti?" _____
4 "Hai spiccioli?" _____

5 "Avete la gomma da masticare?" _____
6 "Ha dei fiammiferi, signora?" _____
7 "Ce l'hai una sigaretta?" _____
8 "Avete le forbici?" _____
9 "Hanno gli scontrini?" _____
10 "Avete il biglietto?" _____

> Ci "luogo"
> Modello: "Quando vai dal dentista?"
> "Ci vado stasera."

II. Rispondi usando i verbi della domanda:

1 "Vai dal medico?" "Sì, _____."
2 "A che ora ci vai?" "_____ alle quattro."
3 "Arrivi qui alle nove?" "No, _____ a mezzogiorno."
4 "Resti a Firenze fino a domenica?" "Sì, se posso _____ _____."
5 "Quando vieni da me?" "_____ domani."
6 "Venite al cinema con noi?" "Certo che _____."
7 "Quante volte passi da loro?" "_____ tutti i giorni."
8 "Quanto tempo avete intenzione di restare lì?" "_____ _____ 2 settimane."
9 "Vanno a vedere la mostra?" "No, non _____."
10 "Vuoi rimanere in Italia?" "No, non _____."

III. Osserva questi altri *ci*:

1 A casa nostra, noi _____ laviamo solo con acqua calda. (riflessivi)
2 Loro _____ chiamano per sapere se vogliamo uscire. (ogg. dir)
3 "_____ aiutate a fare le spese o dobbiamo andar _____ da soli?" (ogg. dir) (luogo)

4   "Quanto tempo _____ vuole per finire il lavoro?" (volerci)
5   A noi _____ interessano solo i CD nuovi. (ogg. ind)
6   "Quante persone _____ sono in classe?" (esserci)
7   _____ vogliono due giorni per arrivare al Sud. (volerci)
8   "_____ qualcuno che mi possa aiutare?" (esserci)
9   "Pensi spesso al tuo ragazzo?" "Sì, _____ penso spesso." (pensarci)
10 "_____ vediamo dopodomani, d'accordo?" (vedersi)

29 *Ci o ne?* ▮▮▮

I.

1   Non voglio discutere adesso. _____ parliamo stasera.
2   "Laviamo _____ bene i capelli!"
3   "Presta _____ la gomma!"
4   "Lei _____ vuole ancora una?"
5   Non venire. Non _____ vale la pena.
6   "Te _____ vai? É ancora presto."
7   "Lo porti a scuola?" "Sì, _____ lo porto."
8   _____ vuole un'ora per arrivar_____.
9   "Sposo Giulia. Che _____ pensi?"
10 "Ti preoccupi? "No, semplicemente non _____ penso più."
11 "Giochi con il cane?" "Sì, _____ gioco."
12 "Quanti _____ prendi?" "Due, grazie."
13 "Si sono separati?" "No! Non _____ credo!"
14 _____ ho provato ma non _____ sono ancora riuscita.
15 "Quanti bicchieri _____ sono?" "_____ sono pochi."
16 Chiediamo al signore che _____ indichi la strada.
17 "Quando andrai dal dottore?" "_____ andrò sabato."
18 _____ era una volta un re…
19 "Quando parlerai con il dottore?" "_____ parlerò stasera."

20 _____ vorranno due giorni per riparare il guasto.
21 Non _____ la faccio a memorizzare il testo.
22 "Chi è l'autore del libro?" "_____ sono io l'autore."
23 "Gli parlerai della mia proposta?" "Sì, glie _____ parlerò."
24 Non _____ voglio più sapere. Non me _____ importa niente.
25 "Sai se Giovanna ha trovato casa?" "Non _____ so niente."
26 "Perché parti?" "Non _____ posso più."
27 L'ho fatto io ma non _____ sono soddisfatto.
28 Di storie come queste _____ conosciamo tante.
29 "Basta! Non insistere! Non _____ voglio più."
30 Prova a parlare seriamente, ma non _____ riesce.
31 "Perché loro non _____ aiutano?"
32 "Porta _____ al parco!"
33 "Perché non mi accompagni al parco?" Non ti _____ porto perché devi studiare."
34 _____ pregano di non fumare.
35 "Quanti chili vuoi?" "_____ voglio due, grazie."
36 A lui piacciono i profumi. Regaliamoglie _____ una bottiglia!
37 "Ti piacciono le caramelle? Te _____ do una."
38 "Usciamo! Che _____ dici?"
39 Aveva una malattia molto grave. Non _____ l'ha fatta.
40 Non sa scrivere e non se _____ frega.

30 Congiuntivo presente

Si usa il congiuntivo con: credere che, dubitare che; pensare che, sperare che, è possibile (impossibile) che, è probabile (improbabile) che, è necessario che, ecc...

Si usa il congiuntivo con le congiunzioni: malgrado (benché, nonostante), a patto che (a condizione che); senza che, prima che...

> **Verbi regolari**
> **are**: (io) i, (tu) i, (lui) i, (noi) iamo, (voi) iate, (loro) ino
> Es.: che io parli, che tu studi, che lui ami, che noi lavoriamo, che voi laviate, che loro comprino.
> **ere**: (io) a, (tu) a, (lui) a, (noi) iamo, (voi) iate, (loro) ano
> Es.: che io veda, che tu venda, che lui legga, che noi spendiamo, che voi prendiate, che loro comprendano.
> **ire**: (io) a, (tu) a, (lui) a, (noi) iamo, (voi) iate, (loro) ano
> Es.: che io parta, che tu dorma, che lui serva, che noi offriamo, che voi soffriate, che loro fuggano.
> **ire**: (io, tu, lui) isca, (noi) iamo, (voi) iate, (loro) iscano
> Es.: che io dimagrisca, che tu finisca, che lui preferisca, che noi puliamo, che voi capiate, che loro uniscano.

I. Completa le frasi:

1. Dubito che lui ti _____. (aiutare)
2. Non crediamo che voi _____ tanti soldi. (spendere)
3. Spero che loro non _____ troppo tardi. (arrivare)
4. Vogliamo che lei _____ meglio la lingua. (imparare)
5. Voglio che tu lo _____ subito. (dimenticare)
6. È probabile che tu non mi _____. (credere)
7. È impossibile che voi non _____. (comprendere)
8. Pensi che loro _____ a casa? (studiare)
9. Volete che noi vi _____? (accompagnare)
10. Credo che Marco _____ la casa. (perdere)

II. Come sopra:

1. Credo che gli italiani _____ domani. (arrivare)
2. Mi pare che loro _____ il programma giovedì. (ripetere)
3. Abbiamo paura che lui non ci _____ i soldi. (prestare)
4. È possibile che noi _____ presto. (partire)

5 Immagino che voi _____ in inglese. (iscriversi)
6 Non temiamo che tu _____ della tua decisione. (pentirsi)
7 Sembra che _____ ancora tutta la settimana. (piovere)
8 Pare che loro _____ sempre le cose più care. (comprare)
9 Non credo che lui mi _____ alla festa. (invitare)
10 Penso che loro non mi _____ il passaporto. (mandare)

III. Completa:

1 Vogliamo che voi _____ il vostro compito. (finire)
2 Speriamo che lui _____ le nostre ragioni. (capire)
3 Malgrado loro _____ la pasta, prendono sempre l'insalata. (preferire)
4 Benché _____ poco, segue con attenzione i discorsi. (capire)
5 Non è certo che lui _____ i clienti con quelle immagini. (colpire)
6 Non è detto che io non _____ il professore. (sostituire)
7 Nonostante loro _____ spesso il pavimento, è sempre pieno di polvere. (pulire)
8 Aspetto che voi _____ il vostro compito. (finire)
9 È probabile che loro _____ con quella dieta. (dimagrire)
10 Non vedo l'ora che _____ questo esercizio. (finire)

Verbi irregolari

uscire (che io esca); dare (che io dia); fare (che io faccia); salire (che io salga); dire (che io dica); venire (che io venga); potere (che io possa); volere (che io voglia); andare (che io vada); dovere (che io debba); essere (che io sia); avere (che io abbia); stare (che io stia)

Es.: **andare**: che io vada, che tu vada, che lui vada, che noi andiamo, che voi andiate, che loro vadano

IV. Completa:

1. Non siamo certi che loro _____ trovarlo a casa. (potere)
2. Pare che lui _____ con l'aereo delle sette. (venire)
3. Alcuni credono che in questo campionato _____ meglio il Milan. (stare)
4. Non siamo sicuri che _____ fare qualcosa per lei. (potere)
5. "Come possiamo sapere se _____ facile per loro?" (essere)
6. Non credo che voi _____ la verità. (dire)
7. Penso che qui si _____ cambiare sistema. (dovere)
8. Voglio che tu mi _____ tutto. (dire)
9. Temo che lui non _____ fare più nulla. (potere)
10. Spero che lui non _____ stasera. (uscire)

V. Come sopra:

1. Nonostante _____ pochi iscritti, il corso si aprirà. (esserci)
2. Spero che tu _____ molta fortuna. (avere)
3. Mi auguro che loro _____ un bel viaggio. (fare)
4. Credo che _____ ancora due settimane alla fine dei lavori. (volerci)
5. Benché _____ tardi, gli scriverò. (essere)
6. È improbabile che i documenti _____ già pronti. (essere)
7. "Credete proprio che lui _____?" (venire)
8. È importante che voi _____ tornarci spesso. (potere)
9. Ci sembra impossibile che lui _____ continuare qui. (volere)
10. Speriamo che lui _____ la verità. (dire)

31 Congiunzioni

I. Numera le colonne usando:

    A   benché; sebbene; malgrado; nonostante
    B   purché; a patto che; a condizione che
    C   prima che
    D   senza che
    E   affinché; perché

1 ( ) Stasera andrò al cinema ... sia stanca.
2 ( ) Ti racconterò tutto ... tu non lo dica a lui.
3 ( ) Lo comprerò ... sia caro.
4 ( ) Andrò alla stazione ... qualcuno mi accompagni.
5 ( ) Usciremo ... torni tua madre.
6 ( ) Partiranno ... torni l'inverno.
7 ( ) Vi ho telefonato ... veniste subito.
8 ( ) Maria telefonerà ... tu esca.
9 ( ) Lo faccio ... lei me lo dica.
10 ( ) La chiamiamo ... lui non sia d'accordo.
11 ( ) Uscirò ... nessuno se ne accorga.
12 ( ) Vedremo il film ... ne valga la pena.
13 ( ) Lo visiterò ... parta.
14 ( ) Andrò dai miei ... mi aiutino.

32 Congiuntivo imperfetto

are: assi, assi, asse, assimo, aste, assero
Es.: se io cantassi, se tu parlassi, se lui ballasse, se noi lavassimo, se voi imparaste, se loro insegnassero.

> **ere**: essi, essi, esse, essimo, este, essero
> Es.: se io prendessi, se tu scrivessi, se lui bevesse, se noi ricevessimo, se voi metteste, se loro vivessero
> **ire**: issi, issi, isse, issimo, iste, issero
> Es.: se io partissi, se tu dormissi, se lui fuggisse, se noi servissimo, se voi soffriste, se loro offrissero

ATTENZIONE:

- **essere**: fossi, fossi, fosse, fossimo, foste, fossero
- **dire**: dicessi, dicessi, dicesse, dicessimo, diceste, dicessero
- **fare**: facessi, facessi, facesse, facessimo, faceste, facessero
- **dare**: dessi, dessi, desse, dessimo, deste, dessero
- **tradurre**: traducessi, traducessi, traducesse, traducessimo, traduceste, traducessero

I. Completa:

1. Era possibile che loro _____ clienti della banca. (essere)
2. Credevo che voi _____ vendere la casa. (volere)
3. Pensavo che i tuoi genitori _____ presto. (arrivare)
4. Ho creduto che loro _____ l'indirizzo. (sapere)
5. Non credevamo che tu _____ capace di farlo. (essere)
6. Non si è mai saputo che lui _____ bugie. (dire)
7. Non si è mai immaginato che voi non _____ felici. (essere)
8. Non sapevo che lui _____ quello per cattiveria. (fare)
9. Non immaginavamo che lui _____. (venire)
10. "Chi credevate che _____ la pulizia?" (fare)

II. Come sopra:

1. Volevo che voi mi _____ la verità. (dire)
2. Non ero sicura che noi _____. (sbagliarsi)

3   Era impossibile che loro _____ presto. (svegliarsi)
4   Lui voleva che noi _____. (vendicarsi)
5   Pensavamo che lui _____. (pentirsi)
6   Non credevo che lei _____. (dimenticare)
7   Non immaginavo che _____ tanti iscritti. (esserci)
8   Non sapevo che _____ tanti soldi. (volerci)
9   "Credevate che _____ un solo professore?" (esserci)
10 L'uomo credeva che suo figlio _____ cambiare le cose. (potere)

ATTENZIONE:

▶ Usa il congiuntivo quando i soggetti sono diversi.
   Es.: Credo (io credo) che venga. (che lui venga)

▶ Usa *di* + infinito quando il soggetto è lo stesso.
   Es.: Credo (io credo) di venire. (io vengo)
        Credono (loro) di aver fatto bene.

III. Ora provaci tu:

1   Marta crede _____ intelligente. (essere)
2   Noi crediamo _____ in tempo. (arrivare)
3   La mamma pensa _____ decidere tutto. (potere)
4   Noi siamo sicuri _____ in orario. (finire)
5   Eravamo certi _____ quella settimana. (partire)
6   Credevo _____ molti amici. (avere)
7   Pensava _____ un abito nuovo. (comprarsi)
8   Immaginavamo _____ cambiare casa. (dovere)
9   Pensa _____ talento. (avere)
10 Aveva la speranza _____ scrittrice. (diventare)

IV. Completa:

1. Il professore crede che i suoi alunni _____ intelligenti. (essere)
2. Crede che il treno _____ in ritardo. (arrivare)
3. Non crediamo che voi _____ finire il lavoro. (potere)
4. Lui è sicuro _____ tornarci l'anno prossimo. (potere)
5. "Credete che loro _____ domani?" (presentarsi)
6. È poco probabile che loro _____ a realizzare il loro progetto. (riuscire)
7. Era impossibile che la situazione _____. (peggiorare)
8. Credevamo _____ perfetti. (essere)
9. Pensa che voi _____ i migliori. (essere)
10. Non pensavamo che loro _____. (capire)

33 Congiuntivo trapassato

Ausiliare *avere* o *essere* all'imperfetto e participio passato del verbo
Es.: se io avessi parlato, se tu avessi visto, se lui avesse detto, se noi avessimo scoperto, se voi aveste sentito, se loro avessero dato
se io fossi stato (a), se tu fossi andato (a); se lui fosse scappato (a); se noi ci fossimo dimenticati (e); se voi foste arrivati (e), se loro fossero caduti (e).

I. Completa:

1. Se tu _____ alla festa, ti saresti divertito. (venire)
2. Non so se lui avrebbe capito se tu non glielo _____ (spiegare)
3. Se noi _____ di casa prima, avremmo visto tutto lo spettacolo. (uscire)
4. Avrebbero perso una fortuna se _____. (giocare)

5 Se tu non ce l'_____, ci saremmo scordati. (dire)
6 Gianni non sarebbe venuto se non _____ delle garanzie. (esserci)
7 Se tu non _____ del pericolo, saresti morto. (rendersi conto)
8 "Chi avrebbe immaginato che lui _____ nei guai?" (mettersi)
9 Se lui _____, lo aiuteremmo. (pentirsi)
10 Se tu _____ il mio libro, avresti capito. (leggere)

Osserva tutte le possibilità:

Credo che lui
- **sia venuto.** (azione anteriore / congiuntivo passato)
- **venga.** (azione contemporanea / congiuntivo presente)
- **verrà.** (azione posteriore / futuro semplice)

Credevo che lui
- **fosse venuto.** (azione anteriore / congiuntivo trapassato)
- **venisse.** (azione contemporanea / congiuntivo imperfetto)
- **sarebbe venuto.** (azione posteriore / condizionale composto)

Credo che loro
- **abbiano studiato.**
- **studino.**
- **studieranno.**

Credevo che loro
- **avessero studiato.**
- **studiassero.**
- **avrebbero studiato.**

II. Completa:

1 Volevo che lui _____ avvocato, ma ha deciso di fare l'ingegnere. (diventare)

2   Credeva che sua madre _____ all'ospedale, ma non ci è andata. (essere)
3   Dicevo che _____ il dentista, ma sono diventato professore. (fare)
4   Speravano che i figli _____ sempre amici, ed invece... (essere)
5   Credevamo che la nostra squadra _____, purtroppo...
6   Non era possibile che loro _____ già _____ tutto. (raccontare)
7   Spero che loro _____ di farlo poiché è tardi. (desistere)
8   Desideriamo che tu _____ felice. (essere)
9   Vogliono che voi _____ che non sarà facile. (comprendere)
10 Mi pare che loro _____ i compiti domani. (consegnare)

34 Il periodo ipotetico

Es. 1: Se posso, parto. (i due verbi al presente)
Es. 2: Se potrò, partirò. (i due verbi al futuro)
Es. 3: Se potessi, partirei. (verbo all'imperfetto del congiuntivo, verbo nel condizionale)
Es. 4: Se avessi potuto, sarei partito. (verbo nel congiuntivo trapassato, verbo nel condizionale composto)
Es. 5: Se puoi, parti! (verbo al presente, verbo nell'imperativo)

I. Completa:
1   Se posso, _____. (venire)
2   Se potrò, _____. (venire)
3   Se potessi, _____. (venire)

4   Se avessi potuto, _____. (venire)
5   "Se puoi, _____!" (venire)
6   Se vuole, _____ fumare un'altra sigaretta. (potere)
7   Se preferiscono restare qui, _____ dormire nella mia camera. (potere)
8   Se trovo il tempo, ti _____. (telefonare)
9   Se volete, _____ andarvene. (potere)
10 Se avranno i soldi, _____. (viaggiare)

II. Completa:

1   "Se fossi ricco, _____ più felice?" (essere)
2   Se avessimo saputo, non _____ l'invito. (accettare)
3   Non _____ quella medicina se fossimo stati avvisati. (prendere)
4   Quel ragazzo non _____ ad attraversare la strada se io non l'avessi aiutato. (riuscire)
5   Se non foste venuti alla festa, _____. (pentirsi)
6   L'ex sindaco non _____ presidente se non l'avessimo aiutato. (diventare)
7   "Se _____ fame, mangiate!" (avere)
8   "Se vogliamo divertirci, _____." (divertirsi)
9   "Se trovi un po' di tempo, _____." (chiamarle)
10 Avresti più tempo libero se non _____ tanto. (dormire)

III. Come sopra:

1   I bambini _____ fuori se non piovesse. (giocare)
2   Faremmo un lungo viaggio se ne _____ l'opportunità. (avere)
3   "Chi ti _____ se non ci fosse stato io?" (aiutare)
4   _____ quando potremo. (partire)
5   Sarei infelice se lui non mi _____. (amare)

6 _____ un'altra canzone se avesse avuto il tempo. (scrivere)
7 "Se siete soddisfatti, _____!" (dirmelo)
8 Se _____ i soldi, ti avrei comprato un bel regalo. (avere)
9 Ti chiamo se _____ qualcosa di nuovo. (sapere)
10 Se _____, si sentiranno in colpa. (vendicarsi)

Adesso prova tutte le possibilità:
Es.:
1. Se i giocatori possono, vincono. (pres.) (pres.)
2. Se i giocatori potranno, vinceranno. (fut.) (fut.)
3. Se i giocatori potessero, vincerebbero. (imperf.) (cond.)
4. Se i giocatori avessero potuto, avrebbero vinto. (trapass.) (com. comp.)

IV. Completa:

A. 1 Se il mio ragazzo _____, noi _____. (venire) (uscire)
A. 2 Se il mio ragazzo _____, noi _____.
A. 3 Se il mio ragazzo _____, noi _____.
A. 4 Se il mio ragazzo _____, noi _____.

B. 1 Se tu e tua figlia non_____ non_____in tempo. (sbrigarsi) (arrivare)
B. 2 Se tu e tua figlia non_____ non_____in tempo.
B. 3 Se tu e tua figlia non_____ non_____in tempo.
B. 4 Se tu e tua figlia non_____ non_____in tempo.

C. 1 La bambina non _____ se tu la _____ bene. (piangere) (trattare)
C. 2 La bambina non _____ se tu la _____ bene.
C. 3 La bambina non _____ se tu la _____ bene.
C. 4 La bambina non _____ se tu la _____ bene.

D. 1 Se noi _____ , _____ . (studiare) (imparare)
D. 2 Se noi _____ , _____ .
D. 3 Se noi _____ , _____ .
D. 4 Se noi _____ , _____ .

ATTENZIONE:

L'italiano, soprattutto quando parla, usa anche queste forme:

▶ (pres) (futuro)   Es.: Se può, verrà.
    e
▶ (imperf.) (imperf.)   Es.: Se potevo, venivo.

35 I pronomi relativi

che (sogg. o ogg. dir.)   Es.: Lucia è la ragazza *che* vive a Londra. (sogg.)
                              Lucia è la ragazza *che* ti ho presentato. (ogg.)
cui (ogg. ind.)   Es.: Lucia è la ragazza di *cui* parlo. (ogg. ind.)

I. Completa:

1 Luigi è l'amico _____ tutti desiderano.
2 Carla è la ragazza _____ lavora con noi.
3 Chiamo le persone _____ ci aiuteranno.
4 Non riesco a trovare i documenti _____ ho lasciato qui.
5 "Volete sapere il nome dei clienti _____ verranno oggi?"
6 Sono diventati matti i ragazzi _____ l'hanno vista.
7 È lui l'uomo _____ abita sotto casa.
8 Il bambino _____ si è fatto male è questo qui.
9 L'indirizzo _____ cerchi non è questo.
10 Il vino _____ abbiamo bevuto non c'è più.

Oggetti indiretti (preposizione semplice + cui)

II. Completa:

1. La medicina _____ ho bisogno è carissima.
2. I dolci _____ ti ho dato la ricetta, sono buonissimi.
3. Il cane _____ passeggia non è il suo.
4. I ladri _____ parlano sono scappati.
5. Non si accorge dei problemi delle persone _____ vive.
6. Non diamo retta ai professori _____ lavoriamo.
7. Le signore _____ lavoro sono antipatiche.
8. Desisto dai sogni _____ ho lottato tutta la vita.
9. La conferenza stampa _____ si è parlato tanto si è svolta la scorsa settimana.
10. Affronta tutte le difficoltà _____ quella della mancanza di solidarietà.

Soggetto, oggetto diretto o indiretto

III. Completa:

1. Le cose _____ parlo sono ben diverse.
2. La canzone _____ gli piace non piace a me.
3. I titoli di studio _____ ha sono tanti.
4. Non mi scorderò mai dei giorni _____ abbiamo passato insieme.
5. "Come potrai spiegarle gli errori _____ hai commesso?"
6. La città _____ vive è molto piccola.
7. Il Brasile è il paese _____ voglio stare.
8. Non c'è dubbio: è lui il tizio _____ cercano tutti.
9. La strada _____ devi passare è stretta e piena di buche.
10. "Quante sono le ragazze _____ scrivi?"

IV. Come sopra:

1. Questa è la situazione _____ mi trovo.
2. Il film _____ ti ho parlato è lunghissimo.

3   "Il libro _____ stai leggendo com'è?"
4   Mi piace il paese _____ sono nato.
5   La ragazza _____ ama vive all'estero.
6   Le persone _____ lavoro sono distratte.
7   Il partito _____ ho dato il voto mi ha deluso.
8   Il treno _____ viaggiamo è rapido.
9   La regione _____ arriva è la Patagonia.
10 Gli occhiali _____ porta sono vecchi.

ATTENZIONE:

▶ **che** = il quale, la quale, i quali, le quali
▶ **a cui** = al quale, alla quale, ai quali, alle quali
▶ **in cui** = nel quale, nella quale, nei quali, nelle quali
▶ **di cui** = del quale, della quale, dei quali, delle quali
▶ **da cui** = dal quale, dalla quale, dai quali, dalle quali

36 Passato remoto

are: ai, asti, ò, ammo, aste, arono
Es.: amai, amasti, amò, amammo, amaste, amarono
ere: ei, esti, è, emmo, este, erono o ette, ette, ettero
Es.: vendei (vendetti), vendesti, vendè (vendette), vendemmo, vendeste, venderono (vendettero)
ire: ii, isti, ì, immo, iste, irono
Es.: partii, partisti, partì, partimmo, partiste, partirono

I. Completa:

1   La guerra _____ a causa di profondi contrasti tra le nazioni. (scoppiare)
2   "Non mi vuole più." _____ la ragazza. (pensare)

3   Quando i portoghesi _____ qui in Brasile, ebbero molte sorprese. (arrivare)
4   L'ultima volta che lui _____ le vacanze al mare, _____ nel 1990. (passare) (essere)
5   Dopo molti anni, il contadino _____ a comprare la terra dove lavorava. (riuscire)
6   Dribblata mezza difesa, Ronaldo _____ un gran goal. (segnare)
7   Travolto dallo scandalo, _____ la casa e _____ all'estero. (vendere) (fuggire)
8   Quando Carlo _____ la lettera, _____ (ricevere) (partire)
9   Loro _____ il lavoro e _____ al loro paese. (finire) (tornare)
10 Lei _____ la madre in Italia per darle la notizia. (chiamare)

Verbi Irregolari (Osserva le irregolarità solo in prima e terza singolare e terza plurale!)

Avere: *io ebbi, lui ebbe, loro ebbero,* tu avesti, noi avemmo, voi aveste
Dire: *io dissi, lui disse, loro dissero,* tu dicesti, noi dicemmo, voi diceste
Fare: *io feci, lui fece, loro fecero,* tu facesti, noi facemmo, voi faceste
Volere: *io volli, lui volle, loro vollero,* tu volesti, noi volemmo, voi voleste
Conoscere: *io conobbi, lui conobbe, loro conobbero,* tu conoscesti, noi conoscemmo, voi conosceste
Rispondere: *io risposi, lui rispose, loro risposero,* tu rispondesti, noi rispondemmo, voi rispondeste
Chiedere: *io chiesi, lui chiese, loro chiesero,* tu chiedesti, noi chiedemmo, voi chiedeste
Chiudere: *io chiusi, lui chiuse, loro chiusero,* tu chiudesti, noi chiudemmo, voi chiudeste

> **Mettere**: *io misi, lui mise, loro misero*, tu mettesti, noi mettemmo, voi metteste
> **Scrivere**: *io scrissi, lui scrisse, loro scrissero*, tu scrivesti, voi scrivemmo, scriveste
> **Ridere**: *io risi, lui rise, loro risero*, tu ridesti, noi ridemmo, voi rideste
> **Sapere**: *io seppi, lui seppe, loro seppero*, tu sapesti, noi sapemmo, voi sapeste
> **Essere**: io fui, tu fosti, lui fu, noi fummo, voi foste loro furono

II. Completa:

1. Manzoni _____ "I Promessi Sposi". (scrivere)
2. "Figlio di un cane!" lui _____. (dire)
3. "No, voglio restare qui." _____ l'uomo. (rispondere)
4. La ragazza _____ il cappotto e uscì. (mettersi)
5. Loro _____ e diventarono subito amici. (conoscersi)
6. La donna _____ a piangere quando _____ la verità. (mettersi) (sapere)
7. Lui le _____ di ripetere la spiegazione. (chiedere)
8. Era felice e _____ (sorridere)
9. Loro _____ molta fortuna. (avere)
10. Quello straniero _____ fortuna in America. (fare)

III. Come sopra:

1. L'uomo _____ la valigia e _____. (chiudere) (uscire)
2. Il cane _____ il gatto. (mordere)
3. La signora _____ la bambina. (picchiare)
4. Loro non _____ il fuoco prima di partire. (spegnere)
5. Lei gli _____ tutte le spiegazioni necessarie. (dare)
6. L'incendio _____ la foresta. (distruggere)

7   La vittima non _____ niente per cinque giorni. (bere)
8   "E poi _____ la neve e la solitudine." (venire)
9   Lui la _____ ma non la _____ più. (guardare) (vedere)
10 Laura _____ a piangere quando _____ che era arrivata la fine. (mettersi) (capire)

37 Forma passiva

Attiva al presente:
Es.: Carla lava la camicia.
     La camicia è lavata da Carla.

Osserva che l'ausiliare usato nella passiva è sempre *essere*.
Osserva ancora che la preposizione della passiva è sempre da (semplice o articolata)

I. Completa:

1   Lucia fa la spesa.
    La spesa _____ da Lucia.
2   L'ambasciatore propone la soluzione.
    La soluzione _____ dall'_____.
3   La dottoressa porta il paziente all'ospedale.
    Il paziente _____ dalla _____.
4   Il postino ci porta anche i pacchi.
    Anche i pacchi _____.
5   "Chi suona il flauto dolce?"
    "Da chi _____?"

Attiva al passato prossimo

Es.: Lisa ha dipinto il quadro.

Il quadro è stato dipinto da Lisa.

Osserva che quando c'è già un ausiliare nell'attiva, ce ne sono due nella passiva.

6 Vittorio ha servito il tè.
Il tè _____.

7 I signori hanno controllato i biglietti.
_____.

8 Gli alunni hanno risolto i problemi.
_____.

9 Nessuno ha detto la verità.
_____.

10 "Chi ha detto questa bugia?"
_____.

Attiva al futuro

Es.: Farò il compito.

Il compito sarà fatto da me.

II. Completa:

1 Compreremo la macchina.
_____.

2 Costruiranno le case.
_____.

3 Distribuirai i documenti.
_____.

4 Capirete la situazione.
_____.

5 Non prenderanno la decisione.
_____.

Attiva al futuro anteriore

Es.: Quando avranno letto il testo, ...
Quando il testo sarà stato letto, ...

6 Non appena avranno ricevuto i risultati, ...
_____.

7 Quando avranno ammesso il candidato, ...
_____.

8 Dopo che avranno pulito la sala, ...
_____.

9 Quando avranno dato l'ultima risposta, ...
_____.

10 Non appena avremo spedito il pacco, ...
_____.

Attiva nel condizionale

Es.: Venderei il vestito.
Il vestito sarebbe venduto da me.

III. Completa:

1 I signori preparerebbero il discorso.
_____.

2 Il ministro inviterebbe il deputato.
_____.

3 "Stireresti tutta la biancheria?"
_____.

4 Nessuno pulirebbe il pavimento.
_____.

5 "Chi lo capirebbe?"
_____.

Attiva nel condizionale composto
Es.: Avrebbero copiato le ricette.
Le ricette sarebbero state copiate.

6   Avrebbero già dato la conferma.

7   Avremmo trasferito il conto all'estero.

8   Avrebbero dato l'esame.

9   Avremmo scelto un'altra linea aerea.

10 Avrebbero visto il ladro.

Attiva nell'imperfetto
Es.: Studiavano il francese.
Il francese era studiato. (da loro)

IV. Completa:

1   Cantavano le canzoni antiche.

2   Componevi temi variegati.

3   Passavano il natale in famiglia.

4   Trascorreva i giorni di vacanza in campagna.

5   Facevano tutto il possibile.

Attiva nel trapassato

Es.: Avevano appreso la notizia alla radio.
   La notizia era stata appresa...

6   Avevano rubato tanti soldi.

7   Avevamo raggiunto tutti gli obbiettivi.

8   Avevamo concluso tutti i lavori.

9   La direttrice aveva dato la parola finale.

10 Il dottore aveva spiegato tutto.

Attiva nel congiuntivo presente

Es.: Credo che Marco organizzi la festa.
   Credo che la festa sia organizzata da Marco.

V. Completa:

1   Pensiamo che i turisti visitino di più il mare.

2   Vogliamo che voi presentiate i registi.

3   Spero che tutti comprendano la situazione.

4   Credono che noi possiamo ricordare tutte le regole.

5   È probabile che lei non accetti la proposta.

Attiva nel congiuntivo passato
Es.: Credo che Marta abbia fatto lo sbaglio.
Credo che lo sbaglio sia stato fatto da Marta.

6 È impossibile che loro lo abbiano chiamato.

7 Crediamo che a questo punto tutti abbiano letto la nuova legge.

8 Credo che lui abbia fatto gli assegni.

9 Speriamo che loro abbiano aiutato i malati.

10 Non crediamo proprio che abbiano lasciato il posto.

Attiva nel congiuntivo imperfetto
Es.: Se presentasse la ragazza...
Se la ragazza fosse presentata...

VI. Completa:

1 Se facessero la ricerca...

2 Se commentassero gli errori...

3 Se scoprissero l'origine del male...

4 Quando completassero il percorso...

5 Appena vedessimo il film...

Attiva nel congiuntivo trapassato

Es.: Se lui avesse detto la verità...
  Se la verità fosse stata detta...

6   Se avessimo conservato le copie...
   _____ ...

7   Se avessero desiderato il posto...
   _____ ...

8   Se avessimo sviluppato il tema...
   _____ ...

9   Se avessero incluso gli altri nomi nella lista...
   _____ ...

10 Se avessero tradotto i libri...
   _____ ...

38 Discorso indiretto

Luisa: "Dormo presto."
Luisa dice che dorme presto.
Il primo verbo (dire) è al presente. Ci sono varie possibilità : dice che dormirà; dice che dormiva; dice che ha dormito; ecc.

Luisa ha detto che dormiva presto.
Il primo verbo è al passato (dire) I verbi che verranno dopo saranno anche nel passato.

Luisa: "Dormirò presto." (futuro)
Luisa dice che dormirà.
Luisa ha detto che avrebbe dormito. (condizionale composto)

Luisa: "Dormirei presto." (condizionale)
Luisa dice che dormirebbe presto.
Luisa ha detto che avrebbe dormito presto. (condizionale composto)
Quando il verbo nel discorso diretto è nel futuro o nel condizionale, passa al condizionale composto nel discorso indiretto.

Luisa: "Ho dormito presto"
Luisa ha detto che ha dormito.
(aveva dormito)

Luisa: "Dormivo presto."
Luisa ha detto che dormiva presto."

Luisa: "Spero che lui dorma presto."
Luisa ha detto che sperava che lui dormisse presto."

I. Prova tu:

1. Carlo: "Lo faccio subito."
   Carlo dice che _____.
2. Laura: "Sono uscita tardissimo."
   Laura dice che _____.
3. Gli attori: "Faremo del nostro meglio."
   Gli attori hanno detto che _____.
4. Le ragazze: "Vogliamo la libertà."
   Le ragazze dicono che _____.
5. I vicini: "Non potremo aspettare."
   I vicini hanno detto che _____.
6. Marta: "Vorrei del vino."
   Marta dice che _____.
7. I ragazzi: "Resteremmo, ma non possiamo."
   I ragazzi hanno detto che _____.

8 Io: "Tornerò"
   Ho detto che _____.

9 Noi: "Ce ne andiamo."
   Abbiamo detto che _____.

10 Andrea: "Mi piacciono i dolci."
   Andrea ha detto che _____.

II. Come sopra:

1 Tu: "Sono stanca."
   Hai detto che _____.

2 Mario: "I miei genitori partono domani."
   Mario dice che i _____.

3 Gianni: "Partirò solo."
   Gianni ha detto che _____.

4 Il presidente: "Farò il possibile."
   Il presidente ha detto che _____.

5 La professoressa: "Sono scesa in ascensore."
   La professoressa ha detto che _____.

6 Lisa: "Preferirei un altro lavoro."
   Lisa ha detto che _____.

7 Silvia : "Voglio diventare medico."
   Silvia ha detto che _____.

8 La madre ai figli: "A che ora rientrate?"
   La madre ha chiesto ai figli a che ora _____.

9 La sorella: "Quando tornerai?"
   La sorella ha chiesto a suo fratello _____.

10 Il marito: "Perchè hai pianto?"
   Il marito ha domandato alla moglie _____.

III. Continua ancora:

1. "Perchè lui non si rende conto del suo sbaglio?"
   Il padrone ha voluto sapere perché il suo impiegato _____ .

2. "Come mai Claudia non è ancora arrivata?"
   La professoressa ha chiesto _____ .

3. "Il mio destino come sarà?"
   La ragazza domandò alla maga _____ .

4. "Non è possibile che lei non venga."
   L'uomo ha pensato che _____ .

5. "Immagino che loro abbiano capito."
   Il capo ha detto che _____ .

6. "Scommettiamo che loro faranno la pace."
   Gli amici hanno detto che _____ .

7. "Volete il mio indirizzo?"
   Il ragazzo ha chiesto ai compagni se _____ .

8. "Da dove vengono i tuoi genitori?"
   Mi ha chiesto _____ .

9. "Di che colore sarà il tuo vestito?"
   Ha voluto sapere di che colore _____ .

10. "Non capisco come lui sia riuscito a farlo."
    Ha detto che _____ .

Exercícios de italiano
RESPOSTAS

1. Aggettivi e nomi

I.
1. e
2. e
3. o
4. a
5. e
6. o
7. e
8. i
9. e
10. a

II.
1. i
2. i
3. i
4. i
5. i
6. i
7. i
8. e
9. i
10. i

III.
1. i/i
2. e/e
3. e/e
4. o/o
5. i/i
6. e/o
7. i/i
8. o/e
9. a/a
10. i/e

2. Dimostrativi

I.
1. quella
2. Quello
3. Quella
4. questi
5. queste
6. Queste
7. Questo
8. Quella
9. Quelle
10. quella

3. Articoli determinativi

I.
1. la
2. il
3. la
4. il
5. la
6. l'
7. l'
8. la
9. l'
10. il

Exercícios de italiano
RESPOSTAS

II.
1. . . . i
2. . . . le
3. . . . i
4. . . . il
5. . . . l'
6. . . . le
7. . . . gli
8. . . . le
9. . . . gli
10. . . . l'

III.
1. . . . lo
2. . . . la
3. . . . la
4. . . . lo (gli)
5. . . . gli
6. . . . l'
7. . . . gli
8. . . . il (i)
9. . . . i
10. . . . i

IV.
1. . . . l'
2. . . . la
3. . . . le
4. . . . la
5. . . . l'
6. . . . le
7. . . . la
8. . . . lo
9. . . . lo
10. . . . le

V.
1. . . . La
2. . . . Il
3. . . . Le
4. . . . Le
5. . . . Le
6. . . . La
7. . . . I
8. . . . Le
9. . . . Il
10. . . . La

VI.
1. . . . a / i
2. . . . i / i
3. . . . a
4. . . . a
5. . . . a
6. . . . le / i
7. . . . il / o / – le / a / i
8. . . . o
9. . . . a / e
10. . . . i

4. Articoli indeterminativi

I.
1. . . . delle
2. . . . un
3. . . . un / dei
4. . . . un'
5. . . . uno
6. . . . delle
7. . . . una
8. . . . degli
9. . . . un
10. . . . delle

II.
1. . . . una
2. . . . delle
3. . . . una
4. . . . un
5. . . . dei
6. . . . una
7. . . . degli

Exercícios de italiano
RESPOSTAS

8 . . . . Un'
9 . . . . dei
10 . . . . una (delle)

III.
1 . . . . Un'
2 . . . . Una
3 . . . . degli
4 . . . . dei
5 . . . . delle
6 . . . . uno
7 . . . . degli
8 . . . . dei
9 . . . . delle
10 . . . . un'

5. L'uso di *Bello* e di *Quello* davanti ai nomi

I.
1 . . . . begli
2 . . . . bei
3 . . . . bella
4 . . . . begli
5 . . . . bello
6 . . . . Belle
7 . . . . bell'
8 . . . . belli
9 . . . . belli
10 . . . . bei

II.
1 . . . . quell'
2 . . . . quelle
3 . . . . quello
4 . . . . quegli
5 . . . . quella
6 . . . . quei
7 . . . . quei
8 . . . . Quelle
9 . . . . Quell'

10 . . . . quella

6. Verbo essere (presente dell'indicativo)

I.
1 . . . . sono
2 . . . . sono
3 . . . . è
4 . . . . siamo
5 . . . . sei
6 . . . . è
7 . . . . siete
8 . . . . è
9 . . . . è
10 . . . . è

II.
1 . . . . è / sono
2 . . . . Siete / siamo
3 . . . . siete / Siamo
4 . . . . sono / sono
5 . . . . sono / sono
6 . . . . Sei / sono
7 . . . . È / è
8 . . . . Sono / sono
9 . . . . sei / Sono
10 . . . . è / Sono

7. Verbo avere (presente dell'indicativo)

I.
1 . . . . Avete
2 . . . . abbiamo
3 . . . . hanno
4 . . . . ho
5 . . . . hai
6 . . . . avete
7 . . . . hanno
8 . . . . ha

Exercícios de italiano
RESPOSTAS

9 . . . . ha
10 . . . . ha

II.
1 . . . . Hai
2 . . . . abbiamo
3 . . . . hanno / hanno
4 . . . . avete / abbiamo
5 . . . . ha / ha
6 . . . . abbiamo (avete)
7 . . . . abbiamo
8 . . . . Hai (Ha)
9 . . . . Avete
10 . . . . hanno / hanno

III.
1 . . . . ha / ha
2 . . . . ha
3 . . . . hanno
4 . . . . ha
5 . . . . hanno
6 . . . . Ho
7 . . . . avete
8 . . . . hanno
9 . . . . Avete
10 . . . . ha / Ho

**_8. Presente dell'indicativo.
Verbi regolari (are, ere, ire)**

I.
1 . . . . compra
2 . . . . giocano
3 . . . . impara
4 . . . . insegni
5 . . . . cenate
6 . . . . arrivano
7 . . . . pranza
8 . . . . ascoltate
9 . . . . trova
10 . . . . preparano

II.
1 . . . . Abiti
2 . . . . telefonano
3 . . . . Lavorate
4 . . . . guardo
5 . . . . paga
6 . . . . manchi
7 . . . . cerchi
8 . . . . spieghiamo
9 . . . . dimentichi
10 . . . . gratifichiamo

III.
1 . . . . studiate
2 . . . . mangiamo
3 . . . . cominciano
4 . . . . Baciate
5 . . . . abbraccio
6 . . . . lava
7 . . . . cucinate
8 . . . . ricordo
9 . . . . immagini
10 . . . . conserviamo

IV.
1 . . . . bevi
2 . . . . scriviamo
3 . . . . prendete
4 . . . . corro
5 . . . . spende
6 . . . . accendono
7 . . . . rispondete / ricevete
8 . . . . corregge
9 . . . . piange
10 . . . . vediamo

V.
1 . . . . Accendo
2 . . . . Scendi
3 . . . . vedo
4 . . . . credi

Exercícios de italiano
RESPOSTAS

5 . . . . comprendo
6 . . . . .chiude
7 . . . . chiediamo
8 . . . . .spinge
9 . . . . Vendiamo
10 . . . . Leggono

VI.

1 . . . . parte
2 . . . . .dorme
3 . . . . serve
4 . . . . soffre
5 . . . . segue
6 . . . . dormono
7 . . . . partiamo
8 . . . . offrono
9 . . . . seguo
10 . . . . .fuggite

VII.

1 . . . . capisco
2 . . . . preferite
3 . . . . finiscono
4 . . . . distribuisce
5 . . . . spediamo
6 . . . . preferisco
7 . . . . capisce
8 . . . . .puliamo
9 . . . . sostituisce
10 . . . . capisco

VIII.

1 . . . . pulisce
2 . . . . .interferisce
3 . . . . .dimagrisce
4 . . . . .percepiscono
5 . . . . sento
6 . . . . stabiliamo
7 . . . . impedisce
8 . . . . fioriscono
9 . . . . starnutisci

10 . . . . tossisce

IX.

1 . . . . parti / Parto
2 . . . . arrivate / Arriviamo
3 . . . . . . Preferisci / preferisco
4 . . . . Lavori / lavoro
5 . . . . vedete / vediamo
6 . . . . parlano / parlano
7 . . . . .prepara / prepara
8 . . . . finisce / finisce
9 . . . suggeriscono / suggeriscono
10 . . . . capisce / capisco

9. Verbi riflessivi o pronominali

I.

1 . . . . .si alzano
2 . . . . ti svegli
3 . . . . ci laviamo
4 . . . . vi incontrate
5 . . . . .si presenta
6 . . . . .si amano
7 . . . . si chiamano
8 . . . . vi pettinate
9 . . . . mi annoio
10 . . . . si preoccupa

II.

1 . . . . si pente
2 . . . . ci sentiamo
3 . . . . si rendono conto
4 . . . . .si preoccupano
5 . . . . mi accorgo
6 . . . . si vanta
7 . . . . .si truccano
8 . . . . vi dimenticate
9 . . . . .ci ricordiamo
10 . . . . ti arrabbi

10. Verbi irregolari (presente)

I.
1. .... facciamo
2. .... fate
3. .... fa
4. .... faccio
5. .... fa
6. .... fai
7. .... fanno
8. .... faccio
9. .... fa
10. .... fai

II.
1. .... fai / fa
2. .... fa / faccio
3. .... Facciamo
4. .... fai / faccio
5. .... fai
6. .... fanno / fanno
7. .... faccio
8. .... faccio
9. .... fai
10. .... fa

III.
1. .... fa / Fa
2. .... Fa / fa
3. .... fate / Facciamo
4. .... fa / fa
5. .... facciamo
6. .... Faccio
7. .... fanno
8. .... fa
9. .... fanno
10. .... fate

IV.
1. .... sai
2. .... sapete
3. .... so
4. .... sanno
5. .... sa
6. .... so
7. .... sapete
8. .... sappiamo
9. .... sai / so
10. .... so

V.
1. .... andate
2. .... vado
3. .... va
4. .... Vanno
5. .... va
6. .... vai
7. .... vanno
8. .... vai / vado
9. .... va
10. .... va

VI.
1. .... Vieni
2. .... venite / venite
3. .... vengo
4. .... viene
5. .... vengo
6. .... Veniamo
7. .... venite / veniamo
8. .... vengono
9. .... vieni
10. .... vieni / Vengo

VII.
1. .... esce
2. .... usciamo
3. .... esco
4. .... escono
5. .... escono
6. .... esci

Exercícios de italiano
RESPOSTAS

7 . . . . uscite
8 . . . . esce
9 . . . . usciamo
10 . . . . esci

VIII.
1 . . . . dice
2 . . . . diciamo
3 . . . . .dicono
4 . . . . dico
5 . . . . dici
6 . . . . dico
7 . . . . dite
8 . . . . diciamo
9 . . . . dice
10 . . . . dite

IX.
1 . . . . .stanno
2 . . . . stai
3 . . . . sta
4 . . . . facendo
5 . . . . arrivando
6 . . . . dipingendo
7 . . . . bevendo
8 . . . . facendo
9 . . . . dicendo
10 . . . . partendo

X.
1 . . . . può
2 . . . . dobbiamo
3 . . . . potete
4 . . . . .dovete
5 . . . . possiamo
6 . . . . vogliamo
7 . . . . .Vuoi
8 . . . . .vuoi
9 . . . . .dovete
10 . . . . .deve

XI.
1 . . . . dai
2 . . . . .rimani
3 . . . . .spegnete
4 . . . . ci vogliono
5 . . . . piacciono
6 . . . . c'è
7 . . . . scegli
8 . . . . salgono
9 . . . . .muoiono
10 . . . . rimango

_11. Verbi regolari e irregolari al presente

I.
1 . . . . salgono
2 . . . . spegne
3 . . . . vai
4 . . . . vieni
5 . . . . paga
6 . . . . cerchiamo
7 . . . . volete
8 . . . . potete
9 . . . . devono
10 . . . . .puoi
11 . . . . scrive
12 . . . . fate
13 . . . . diciamo
14 . . . . preferisci
15 . . . . finiscono
16 . . . . capisco
17 . . . . .andate
18 . . . . .partite
19 . . . . dipende
20 . . . . è
21 . . . . hai
22 . . . . ci sono
23 . . . . C'è
24 . . . . .ci vogliono
25 . . . . piace

26 . . . . piacciono
27. . . . . ho
28 . . . . . sappiamo / dobbiamo
29 . . . . si arrabbiano
30 . . . . fa / dimagrisce
31. . . . . si stancano
32. . . . . dimenticano
33. . . . . si vedono
34 . . . . ti penti
35. . . . . litigate
36 . . . . stai
37. . . . . .siete
38 . . . . volete
39 . . . . nasce
40 . . . . .spendi

12. Partitivo

I.
1 . . . . del
2 . . . . .dell'
3 . . . . dei
4 . . . . della
5 . . . . dei
6 . . . . delle
7 . . . . delle
8 . . . . dello
9 . . . . degli
10 . . . . del

II.
1 . . . . Del
2 . . . . della
3 . . . . .dell'
4 . . . . .dell'
5 . . . . delle
6 . . . . dei
7 . . . . delle
8 . . . . delle
9 . . . . delle
10 . . . . del

13. Possessivi

I.
1 . . . . tuo
2 . . . . .suoi
3 . . . . tua
4 . . le sue / le vostre (femm. plu.)
5 . . . . i suoi
6 . . . . la sua
7 . . . . la sua
8 . . . . il mio
9 . . . . la tua / la mia / la nostra
10 . . . . il suo

II.
1 . . . . i loro
2 . . . . .la nostra
3 . . . . le vostre
4 . . . . nostre (le nostre)
5 . . . . . i vostri / i nostri
6 . . . . i loro
7 . . . . i loro
8 . . . . il suo
9 . . . . il vostro
10 . . . . .la nostra

III.
1 . . . . la
2 X
3 X
4 X
5 i
6 i
7 . . . . la
8 . . . . la
9 il
10 X

14. Preposizioni

I.
1. . . . a / a
2. . . . a
3. . . . a
4. . . . a
5. . . . a
6. . . . a
7. . . . a
8. . . . a
9. . . . a
10. . . . a

II.
1. . . . in
2. . . . in
3. . . . in
4. . . . in
5. . . . in
6. . . . in
7. . . . in
8. . . . in
9. . . . in
10. . . . in

III.
1. . . . a
2. . . . a
3. . . . a
4. . . . in
5. . . . in
6. . . . a
7. . . . a
8. . . . in
9. . . . in
10. . . . in

IV.
1. . . . al
2. . . . allo
3. . . . allo
4. . . . alle
5. . . . all'
6. . . . alle
7. . . . ai
8. . . . agli
9. . . . Alle
10. . . . all'

V.
1. . . . Negli
2. . . . Nella
3. . . . nello
4. . . . Nei
5. . . . nella
6. . . . Nelle
7. . . . nei
8. . . . nell'
9. . . . Nell'
10. . . . nel

VI.
1. . . . in
2. . . . all'
3. . . . Ai
4. . . . nei
5. . . . a
6. . . . A
7. . . . Nella
8. . . . In
9. . . . a
10. . . . In

VII.
1. . . . di
2. . . . di
3. . . . di
4. . . . di
5. . . . di
6. . . . di
7. . . . di

Exercícios de italiano
RESPOSTAS

8 . . . . di
9 . . . . di
10 . . . . di

VIII.
1 . . . . dei
2 . . . . del
3 . . . . dello
4 . . . . della
5 . . . . del
6 . . . . dei
7 . . . . della
8 . . . . degli
9 . . . . dell'
10 . . . . dell'

IX.
1 . . . . Da
2 . . . . da
3 . . . . da
4 . . . . da
5 . . . . da
6 . . . . da
7 . . . . da
8 . . . . da
9 . . . . da
10 . . . . da

X.
1 . . . . dal
2 . . . . Da
3 . . . . dall'
4 . . . . dal
5 . . . . dall'
6 . . . . dai
7 . . . . dai
8 . . . . dalla
9 . . . . Dal
10 . . . . dalle

XI.
1 . . . . dagli
2 . . . . dei
3 . . . . Dall'
4 . . . . dal
5 . . . . Da
6 . . . . Da
7 . . . . di
8 . . . . da
9 . . . . dall'
10 . . . . del

XII.
1 . . . . su
2 . . . . su
3 . . . . su
4 . . . . sull'
5 . . . . su
6 . . . . sul
7 . . . . sul
8 . . . . su
9 . . . . sulle
10 . . . . Sulla

XIII.
1 . . . . per
2 . . . . Per
3 . . . . per
4 . . . . per
5 . . . . Per
6 . . . . per
7 . . . . per
8 . . . . Per il
9 . . . . per
10 . . . . per

XIV.
1 . . . . con gli
2 . . . . con
3 . . . . con l'
4 . . . . con i

5 . . . . con il
6 . . . . con
7 . . . . con il
8 . . . . Con
9 . . . . con il
10 . . . . con i

XV.
1 . . . . tra le
2 . . . . Tra il
3 . . . . Tra
4 . . . . Tra
5 . . . . tra
6 . . . . Tra
7 . . . . tra
8 . . . . Tra
9 . . . . tra i
10 . . . . Tra

15. Pronomi oggetti diretti

I.
1 . . . . la
2 li
3 . . . . le
4 . . . . la
5 . . . . lo
6 . . . . lo
7 . . . . lo
8 li
9 . . . . La (L')
10 . . . . lo

II.
1 . . . . ne
2 . . . . ne
3 . . . . ne
4 . . . . ne
5 . . . . ne
6 . . . . ne
7 . . . . ne
8 . . . . ne
9 . . . . ne
10 . . . . ne

III.
1 . . . . la prendiamo
2 . . . . lo passo
3 . . . . la do
4 . . . . le mostra
5 . . . . ne prendo
6 . . . . . dimenticarle / le dobbiamo dimenticare
7 . . prenderle / Le posso prendere
8 . . . Non voglio guardarla / Voglio guardarla
9 . . . . Devo completarli / Li devo completare
10 . . Potete aprirle / Le potete aprire

IV.
1 . . . . a- la/ b- X/c- X
2 . . . . a- li; b- X; c- X
3 . . . . a- ci/ b- X/ c- X
4 . . . . a- X/ b- informarli
5 . . . . a- X/ b- prepararsi
6 . . . . . la posso prestare / posso prestarla
7 . . . . possiamo visitarli / li possiamo visitare
8 . . . non la vuole apparecchiare / non vuole apparecchiarla
10 . . . le so parlare / so parlarle

16. Pronomi oggetti diretti (tutte le persone)

I.
1 . . . . la
2 li
3 li
4 . . . . le

Exercícios de italiano
RESPOSTAS

5 . . . . la
6 . . . . lo
7 . . . . le
8 . . . . la
9 . . . . la
10 . . . . le

II.
1 li
2 li
3 . . . . le
4 . . . . la
5 . . . . la
6 . . . . .La
7 vi
8 . . . . la
9 . . . . Mi
10 . . . . Ci (Mi) / vi (ti)

III.
1 . . . . la
2 li
3 . . . . le
4 . . . . .ne
5 . . . . lo
6 . . . . le
7 . . . . la
8 li
9 . . . . lo
10 . . . . la

IV.
1 . . . . la
2 li
3 li
4 . . . . ti
5 Ci
6 . . . . ti / Ti
7 Vi
8 . . . . ti
9 . . . . lo

10 . . . . la

V.
1 . . . . .Lo
2 . . . . .La
3 Li
4 . . . . le
5 . . . . ti
6 vi
7 . . . . .La
8 . . . . Ne
9 . . . . Ti
10 li

VI.
1 li
2 . . . . Ti
3 Ci
4 . . . . ti
5 . . . . .Lo
6 . . . . la
7 vi
8 vi
9 . . . . ti
10 . . . . .La

VII.
1 . . . . Ne
2 . . . . .ne
3 . . . . .prendiamone
4 . . . . lo
5 . . . . le
6 . . . . .La
7 Vi
8 . . . . Ti
9 . . . . Mi
10 Ci

VIII.
1 . . . . Ne bevo
2 . . . . la vedo

Exercícios de italiano
RESPOSTAS

3 . . . . le possiamo
4 . . . . ne leggo
5 . . . . preferisco metterlo
. . . .(lo preferisco mettere)
6 . . . . lo sappiamo
7 . . . . Eccola!
8 . . . . la salutiamo
9 . . . . la do
10 . . . . lo accompagna
11 . . . . aiutarti
12 . . . . Li aiutiamo
13 . . . . farlo
14 . . . . ne voglio
15 . . . . ne beviamo
16 . . . . vi posso
17 . . . . .posso sentirti
18 . . . . Li visitiamo
19 . . . Non ne abbiamo nessuno
20 . . le conosciamo / le capiamo

17. Pronomi oggetti indiretti

I.
1 . . . . .Le
2 . . . . Gli
3 . . . . Gli
4 Vi
5 . . . . .Ti
6 . . . . Gli
7 . . . . Gli
8 Ci
9 . . . . .Le
10 . . . . Gli

II.
1 . . . . ti
2 vi
3 . . . . Gli
4 . . . . gli
5 Vi
6 Ci

7 . . . . ti
8 . . . . Gli
9 . . . . gli
10 . . . . Mi

III.
1 . . . . .Le
2 . . . . .Le
3 . . . . gli
4 . . . . .Le
5 Ci
6 . . . . Gli
7 Vi
8 . . . . ti
9 . . . . Gli
10 . . . . Gli

IV.
1 . . . . .ti (dir.)
2 . . . . vi (dir.)
3 . . . . le (ind.)
4 . . . . Le (ind.)
5 . . . . La (dir.)
6 . . . . aiutarci (dir.)
7 . . . . .ti (dir.)
8 . . . . Mi (dir.)
9 . . . . vi (ind)
10 . . . . Li (dir.)

18. Passato prossimo

I.
1 . . . . lavato
2 . . . . cantato
3 . . . . capito
4 . . . . finito
5 . . . . aiutato
6 . . . . dimenticato
7 . . . . scordato
8 . . . . .guardato
9 . . . . .saputo

125

Exercícios de italiano
RESPOSTAS

10 . . . . .sentito

II.
1 . . . . avete
2 . . . . hai
3 . . . . ho
4 . . . . .hanno
5 . . . . avete
6 . . . . .hanno
7 . . . . ha
8 . . . . .hanno
9 . . . . .hanno
10 . . . . ha

III.
1 . . . . hai avuto
2 . . . . avete mangiato
3 . . . . hai capito
4 . . . . avete conosciuto
5 . . . . hanno dato
6 . . . . ha ballato
7 . . . . abbiamo nuotato
8 . . . . ha visitato
9 . . . . hanno accettato
10 . . . . ho immaginato

IV.
1 . . . . ha scritto
2 . . . . ha aperto
3 . . . . abbiamo preso
4 . . . . avete visto
5 . . . . .ho speso
6 . . . . ha fatto
7 . . . . .hanno deciso
8 . . . . ha offerto
9 . . . . . . abbiamo sofferto /
                abbiamo perso
10 . . . . ha detto

V.
1 . . . . o

2 . . . . a
3 . . . . a
4 . . . . e
5 i
6 . . . . o
7 . . . . a
8 . . . . a
9 i
10 . . . . a

VI.
1 . . . . sono rimasti
2 . . . . sei partita
3 . . . . siete arrivati
4 . . . . siete venute
5 . . . . è caduta
6 . . . . .è diventato
7 . . . . sono riuscito
8 . . . . siete stati (e)
9 . . . . sei salito
10 . . . . sono nati

VII.
1 . . . . si è / sposata
2 . . . . si è laureato
3 . . . . . .Mi sono svegliato(a)
4 . . . . Ti sei pentito
5 . . . . . . si sono dimenticati
6 . . . . . . .Si sono arrabbiati
7 . . . . . . .ti sei ricordato (a)
8 . . . . . . ci siamo accorti (e)
9 . . . . ci siamo persi
10 . . . . . . mi sono / abituata

VIII.
1 . . . . vi siete fatti(e)
2 . . . . si sono spaventati
3 . vi siete sbagliati / vi siete scusati
4 . . . . ti sei messo (a)
5 . . . . .mi sono lavato (a)
6 . . . . .vi siete / mossi(e)

126

7 . . . . vi siete visti (e)
8 . . . . si è / trasformato
9 . . . . ti sei travestito(a)
10 . . . . . ci siamo scambiati(e)

19. Oggetti diretti e concordanza con il participio passato

I.
1 . . . . e
2 . . . . o
3 . . . . a
4 i
5 . . . . o
6 . . . . e
7 . . . . a
8 . . . . a
9 . . . . o
10 . . . . o

II.
1 . . . . le / e
2 . . . . ne / e
3 . . . . ne / o
4 . . . . ne / a
5 . . . . l' / a
6 . . . . ne / i
7 . . . . ne / o
8 . . . . ne / i
9 . . . . ne / i
10 . . . . li / i

III.
1 . . . . L' / a
2 . . . . Li / i
3 . . . . l' / o
4 . . . . l' / a
5 . . . . le / e
6 . . . . Li / i
7 . . . . ne / i
8 . . . . ne / e

9 . . . . l' / a
10 . . . . li / i

IV.
1 . . . . la (l') / a
2 . . . . lo (l') / o
3 . . . . li / i
4 . . . . le / e
5 . . . . La (L') / a
6 . . . . Ne / i
7 . . . . le / e
8 . . . . Ne / e
9 . . . . lo (l') / o
10 . . . . la (l') / a

V.
1 . . . . l' / a
2 . . . . gli / o
3 . . . . Le / o
4 . . . . vi / o
5 . . . . l' / a
6 . . . . l' / o
7 . . . . ne / e
8 . . . . le / o
9 . . . . l' / a
10 . . . . l' / o

Oggetti diretti e indiretti (solo i diretti con le concordanze)

I.
1 . . . . l' / a
2 . . . . gli / o
3 . . . . Le / o
4 . . . . vi / o
5 . . . . l' / a
6 . . . . l' / o
7 . . . . ne / e
8 . . . . le / o
9 . . . . l' / a
10 . . . . l' / o

20. Pronomi doppi

I.
1. ve la
2. Te li
3. glieli
4. te la
5. te la
6. gliene
7. Te la
8. te lo
9. ve le
10. gliela

II.
1. ce la prepara
2. me li presta
3. me lo compra
4. ce le chiede
5. me la da
6. me li danno
7. ce li da
8. me li manda
9. me le spedisce
10. ce le ripete

III.
1. Te lo
2. Ce lo
3. Ce lo
4. Glieli
5. Me li
6. Ve la
7. Ce li
8. Gliene
9. Gliene
10. Glielo

IV.
1. Te le do
2. te lo offro
3. ve la do
4. gliel'abbiamo chiesto
5. Ve lo (Ce lo) daranno
6. te la do
7. ve lo
8. glieli
9. gliele
10. me la chiede

V.
1. Gliela porta.
2. Glieli regaliamo.
3. La prendo e la fumo.
4. Le compriamo e le mangiamo.
5. Potete berla. (La potete bere.)
6. Vogliamo darveli. (Li vogliamo dare.)
7. Puoi darmelo? (Me lo puoi dare.)
8. Le telefono.
9. Gliela manderò.
10. Me lo porti?

21. Futuro semplice

I.
1. partirà
2. arriverà
3. Impareranno
4. tornerò
5. compreremo
6. Capirai
7. si sposeranno
8. preferirà
9. studierete
10. servirete

II.
1. Chiamerai
2. mangeremo
3. Sceglieranno
4. prenderò

Exercícios de italiano
RESPOSTAS

5 . . . . comincerà
6 . . . . piacerà
7 . . . . ci saranno
8 . . . . Viaggeremo
9 . . . . piaceranno
10 . . . . chiamerà

III.
1 . . . . vorrà
2 . . . . andrò
3 . . . . .staranno
4 . . . . .verranno
5 . . . . rimarrà
6 . . . . sapranno
7 . . . . ci vorranno
8 . . . . ci saranno
9 . . . . avrai
10 . . . . potrete

IV.
1 . . . . .farai
2 . . . . saremo
3 . . . . Avranno
4 . . . . riuscirò
5 . . . . Diventeranno
6 . . . . sostituirà
7 . . . . saluteranno
8 . . . . si accorgerà
9 . . . . ti renderai
10 . . . . .cadrà / saprà

22. Futuro anteriore

I.
1 . . . . saranno arrivati
2 . . . . avrò finito
3 . . . . saranno arrivate
4 . . . . .avremo preparato
5 . . . . avrò saputo
6 . . . . avranno capito
7 . . . . sarà finito

8 . . . . .avrete pagato
9 . . . . sarà piaciuto
10 . . . . .saremo scesi(e)

II.
1 . . . . avrà finito
2 . . . . sarà nata
3 . . . . avranno pulito
4 . . . . .se ne sarà andato
5 . . . . saremo passati
6 . . . . .avrà scoperto
7 . . . . vi sarete / alzati
8 . . . . si saranno sciolti
9 . . . . .avremo preso
10 . . . . .avremo / convinti

III.
1 . . . . sarà andato
2 . . . . .saranno andate
3 . . . . .avrà
4 . . . . avrà lasciata
5 . . . . costerà
6 . . . . .torneranno
7 . . . . .Sarò
8 . . . . .Avrà avuto / sarà nato
9 . . . . .Sarà
10 . . . . avrà fatto

23. Condizionale semplice

I.
1 . . . . compreresti
2 . . . . partireste
3 . . . . Canteresti
4 . . . . cambiereste
5 . . . . capirebbero
6 . . . . visiterei
7 . . . . Prenderemmo
8 . . . . preferirebbero
9 . . . . ti iscriveresti
10 . . . . accetterebbe

Exercícios de italiano
RESPOSTAS

II.
1. .... vorresti
2. ....Andrei
3. ....rimarrebbe
4. .... potreste
5. .... dovrebbero
6. ....berrebbe
7. .... verrei
8. .... vivreste
9. .... vedremmo
10. .... avrebbero

III.
1. .... darebbero
2. .... berreste
3. ....verrebbero
4. .... andrebbe
5. ....piacerebbe
6. ....presteresti
7. .... Potrei
8. ....Ci vorrebbero
9. .... Ci sarebbero
10. .... Si divertirebbero

24. Condizionale composto

I.
1. .... avremmo visitato
2. .... sarebbero usciti
3. .... saresti salito
4. .... avrei fatto
5. .... avresti comprato
6. ....avreste tradotto
7. .... avrebbe dato
8. .... avrei detto
9. .... ti saresti pentito
10. .... avremmo preso

II.
1. .... Avresti dovuto
2. ....Sarei tornato(a)
3. .... Vi sareste divertiti
4. .... avrei immaginato
5. .... Avremmo potuto
6. .... sarebbe piaciuto
7. ....Sarei venuto(a)
8. .... sarebbe finita
9. .... avrebbe pensato/
sarebbero andate
10. .... sarebbe partito

III.
1. .... saremmo venuti
2. ..... dormirei (avrei dormito)
3. .... avresti fatto
4. .... avrebbero voluto
5. .... saprei
6. .... sarebbero venuti
7. ... Direbbero (Avrebbero detto)
8. .... sarebbero saliti
9. ....daresti
10. .... avrei invitato

IV.
1. .... sarebbero arrivati
2. .... sarebbero stati
3. .... si sarebbe laureato
4. ....sarebbe tornata
5. .... avrebbero fatto
6. ....ci sarebbe stato
7. .... sarebbe piaciuto
8. ....avrebbe dovuto
9. ....vi sareste allenati
10. .... avrebbe desistito

25. L'imperfetto

I.
1. .... avevi
2. .... Andavi
3. ....raccontava
4. .... davano

Exercícios de italiano
RESPOSTAS

5 . . . . facevamo
6 . . . . Soffriva
7 . . . . piaceva
8 . . . . era
9 . . . . scrivono
10 . . . . Preferivate

II.
1 . . . . arrivavi
2 . . . . c'erano
3 . . . . ci volevano
4 . . . . .dicevano
5 . . . . si vestivano
6 . . . . .Ti annoiavi
7 . . . . venivano
8 . . . . .dovevate
9 . . . . cambiavamo
10 . . . . volevo

III.
1 . . . . .faceva
2 . . . . .lavavo
3 . . . . pioveva
4 . . . . erano
5 . . . . sapevi
6 . . . . .bevevi
7 . . . . .Davi
8 . . . . finivate
9 . . . . Eri
10 . . . . .vi vedevate

IV.
1 . . . . diceva / aveva
2 . . . . . giocavano / preparava
3 . . . . ero
4 . . . . avevi
5 . . . . .eravamo
6 . . . . facevate
7 . . . . dicevamo
8 . . . . Pensavo
9 . . . . . asciugava / scrivevamo

10 . . . . piacevano / eri

26. Trapassato

I.
1 . . . . eravate / stati (e)
2 . . . . avevi / visto
3 . . . . . . ti eri / innamorato (a)
4 . . . . avevate / letto
5 . . . . avevate/ viaggiato
6 . . . . . . eravamo / riusciti (e)
7 . . . . erano / diventati
8 . . . . si erano/ arrabbiati
9 . . . . .avevamo / sentito
10 . . mi ero / lavato / e preparato

II.
1 . . . . . . avevano / sono partiti
2 . . . . Eri
3 . . . . era partito / sono arrivato
4 . . . . .avevamo
5 . . . . dava / eri
6 . . . . . . finivano (sono finite)
7 . . . . Avevo avuto / ho sposato
8 . . . mi sono reso (a) conto / era
9 . . . . eravate / piaceva
10 . . avevamo / ci siamo fermati

27. L'imperativo

I.
1 . . . . studia
2 . . . . entri
3 . . . . cantate
4 . . . . presta
5 . . . . Asciuga
6 . . . . Portate
7 . . . . Guarda
8 . . . . Aspetti
9 . . . . Mandiamo

Exercícios de italiano
RESPOSTAS

10 . . . . Ascolta

II.
1 . . . . .Spegni
2 . . . . Chiami
3 . . . . Osserva
4 . . . . mettete
5 . . . . Ripassi
6 . . . . rispondi
7 . . . . .Prendi
8 . . . . spieghi
9 . . . . Chiuda
10 . . . . Dimentica

III.
1 . . . . Spediamo
2 . . . . Finite
3 . . . . Segui
4 . . . . Parti
5 . . . . Resti
6 . . . . Rispetta
7 . . . . Chiama
8 . . . . Aiutate
9 . . . . Perdonate
10 . . . . comprate

IV.
1 . . . . .Chiudete
2 . . . . Esci
3 . . . . .Apriamo
4 . . . . Fuma
5 . . . . .Bevi
6 . . . . Ripetete
7 . . . . Parla
8 . . . . Ripeti
9 . . . . Telefonate
10 . . . . .Finisci

V.
1 . . . . Vestiti
2 . . . . Lavatevi

3 . . . . .Prepariamoci
4 . . . . .Affrettatevi
5 . . . . Sbrigati
6 . . . . Alziamoci
7 . . . . Ricordatevi
8 . . . . Riuniamoci
9 . . . . Fermati
10 . . . . Muoviti

VI.
1 . . . . entri
2 . . . . . parta (Lei) (partite –voi)
3 . . . . si sieda
4 . . . . si accomodi
5 . . . . si presenti
6 . . compili (Lei) (compilate – voi)
7 . . . . scriva
8 . . . . .risponda
9 . . . . torni
10 . . . . .spedisca

VII.
1 . . . . spegni / Spegnila
2 . . . . porta / portali
3 . . . . studiate / studiateli
4 . . . . copiate / copiatele
5 . . . . .Accompagnami
6 . . . . Prendiamola
7 . . . . Invitaci
8 . . . . .Portateci
9 . . . . Mi aiuti
10 . . . . . . Ascolta / Ascoltala

VIII.
1 . . . . Si alzi
2 . . . . Si riposi
3 . . . . Si sieda
4 . . . . Si accomodi
5 . . . . Si tranquillizzi
6 . . . . .Si controlli
7 . . . . Si spieghi

Exercícios de italiano
RESPOSTAS

8 . . . . Si sbrighi
9 . . . . Si metta
10 . . . . Si tolga

IX.
1 . . . . .Mettitelo
2 . . . . Se li provi
3 . . . . Lavateli
4 . . . . .Telefonategli
5 . . . . Si sieda
6 . . . . Preparatevi
7 . . . . Toglietevele
8 . . . . Copritevela
9 . . . . Si serva
10 . . . . Accomodati

X.
1 . . . . va'(vai)
2 . . . . da'(dai)
3 . . . . fate
4 . . . . .siate
5 . . . . di'
6 . . . . Abbiate
7 . . . . Sta' / Stai
8 . . . . dica
9 . . . . Stiate
10 . . . . abbia (abbiate)

XI.
1 . . . . Vacci
2 . . . . .Fammi
3 . . . . Fallo
4 . . . . Dillo
5 . . . . Stammi
6 . . . . Dammi
7 . . . . Fallo
8 . . . . .Fatti
9 . . . . Fammelo
10 . . . . vattene

XII.
1 . . . . gridate
2 . . . . arriva
3 . . . . mangiate
4 . . . . fumare
5 . . . . fate
6 . . . . .sporcare
7 . . . . .dica
8 . . . . .dimentichi
9 . . . . .scordare
10 . . . . venire

28. I vari *ci*

I.
1 . . . . Sì, ce li abbiamo
2 . . . . Sì, ce l'hanno
3 . . . . Sì, ce l'ha
4 . . . . Sì, ce li ho
5 . . . . Sì, ce l'abbiamo
6 . . . . Sì, ce li ho
7 . . . . Sì, ce l'ho
8 . . . . Sì, ce le abbiamo
9 . . . . Sì, ce li hanno
10 . . . . Sì, ce l'abbiamo

II.
1 . . . . ci vado
2 . . . . Ci vado
3 . . . . ci arrivo
4 . . . . ci resto
5 . . . . Ci vengo
6 . . . . .ci veniamo
7 . . . . Ci passo
8 . Abbiamo intenzione di restarci...
9 . . . . ci vanno
10 . . . voglio rimanerci (ci voglio
rimanere)

Exercícios de italiano
RESPOSTAS

III.

1 ci
2 ci
3 ci
4 ci
5 ci
6 ci
7 ci
8 ci
9 ci
10 ci

29. *Ci o ne?*

I.
1 . . . . Ne (parlarne) / Ci
2 . . . . ci (riflessivo)
3 . . . . . . ci (a noi – ogg. ind.)
4 . . . . ne (partitivo)
5 . . . . ne (valerne la pena)
6 . . . . ne (andarsene)
7 . . . . ce (ci luogo)
8 . . . . Ci / ci (volerci) (ci luogo)
9 . . . . ne (pensarne)
10 . . . . ci (pensarci)
11 . . . . ci (giocarci)
12 . . . . ne (partitivo)
13 . . . . ci (crederci)
14 . . . Ci / ci (provarci) (riuscirci)
15 . . . . ci / Ce ne (esserci)
16 . . . . . . ci (a noi – ogg. ind.)
17 . . . . Ci (luogo)
18 . . . . C' (esserci)
19 . . . . Ci (parlarci)
20 . . . . Ci (volerci)
21 . . . . ce (farcela)
22 . . . . Ne (esserne)
23 . . . . gliene (parlarne)
24 ne / ne (saperne) (importarsene)
25 . . . . ne (saperne)
26 . . . . ne (poterne più)
27 . . . . ne (esserne soddisfatto)
28 . . . . ne (partitivo)
29 . . . . ne (volerne)
30 . . . . ci (riuscirci)
31 . . . . ci (noi – ogg.dir.)
32 . . . . ci (noi – ogg.dir.)
33 . . . . ci (luogo)
34 . . . . Ci (a noi)
35 . . . . ne
36 . . . . Regaliamone (partitivo)
37 . . . . ne (partitivo)
38 . . . . ne (dirne)
39 . . . . ce (farcela)
40 . . . . ne (fregarsene)

30. Congiuntivo presente

I.
1 . . . . aiuti
2 . . . . spendiate
3 . . . . arrivino
4 . . . . impari
5 . . . . dimentichi
6 . . . . creda
7 . . . . comprendiate
8 . . . . studino
9 . . . . accompagniamo
10 . . . . perda

II.
1 . . . . arrivino
2 . . . . ripetano
3 . . . . presti
4 . . . . partiamo
5 . . . . vi iscriviate
6 . . . . ti penta
7 . . . . piova
8 . . . . comprino
9 . . . . inviti
10 . . . . mandino

III.

1. .... finiate
2. .... capisca
3. .... preferiscano
4. .... capisca
5. .... colpisca
6. .... sostituisca
7. .... puliscano
8. .... finiate
9. .... dimagriscano
10. .... finisca

IV.

1. .... possano
2. .... venga
3. .... stia
4. .... possiamo
5. .... sia
6. .... diciate
7. .... debba
8. .... dica
9. .... possa
10. .... esca

V.

1. .... ci siano
2. .... abbia
3. .... facciano
4. .... ci vogliano
5. .... sia
6. .... siano
7. .... venga
8. .... possiate
9. .... voglia
10. .... dica

31. Congiunzioni

I.

1. .... a
2. .... b
3. .... a
4. .... b
5. c
6. c
7. .... e
8. c
9. .... d (c)
10. .... a
11. .... c (d)
12. .... b
13. c
14. .... e

32. Congiuntivo imperfetto

I.

1. .... fossero
2. .... voleste
3. .... arrivassero
4. .... sapessero
5. .... fossi
6. .... dicesse
7. .... foste
8. .... facesse
9. .... venisse
10. .... facesse

II.

1. .... diceste
2. .... ci sbagliassimo
3. .... si svegliassero
4. .... ci vendicassimo
5. .... si pentisse
6. .... si dimenticasse
7. .... ci fossero
8. .... ci volessero
9. .... ci fosse
10. .... potesse

III.

1. .... di essere

2 . . . . di arrivare
3 . . . . di poter
4 . . . . di finire
5 . . . . di partire
6 . . . . di avere
7 . . . . di comprarsi
8 . . . . di dover
9 . . . . di avere
10 . . . . di diventare

IV.
1 . . . . siano
2 . . . . arrivi
3 . . . . possiate
4 . . . . di poter
5 . . . . si presentino
6 . . . . riescano
7 . . . . peggiorasse
8 . . . . di essere
9 . . . . siate
10 . . . . capissero

33. Congiuntivo trapassato

I.
1 . . . . fossi venuto
2 . . . . avessi spiegato
3 . . . . fossimo usciti
4 . . . . avessero giocato
5 . . . . avessi detto
6 . . . . ci fossero state
7 . . . . ti fossi reso conto
8 . . . . si fosse messo
9 . . . . si fosse pentito
10 . . . . avessi letto

II.
1 . . . diventasse (fosse diventato)
2 . . . . (stesse) fosse stata
3 . . . . avrei fatto
4 . . . . fossero

5 . . . . . . vincesse (avesse vinto)
 (avrebbe vinto)
6 . . . . avessero raccontato
7 . . . desistano (abbiano desistito)
8 . . . . sia
9 . . . . comprendiate
10 . consegnino (consegneranno)

34. Il periodo ipotetico

I.
1 . . . . vengo
2 . . . . verrò
3 . . . . verrei
4 . . . . sarei venuto
5 . . . . vieni
6 . . . . può
7 . . . . possono
8 . . . . telefono
9 . . . . potete
10 . . . . viaggeranno

II.
1 . . . . sarei
2 . . . . avremmo accettato
3 . . . . avremmo preso
4 . . . . sarebbe riuscito
5 . . . . vi sareste pentiti
6 . . . . sarebbe diventato
7 . . . . avete
8 . . . . divertiamoci
9 . . . . chiamale
10 . . . . dormissi

III.
1 . . . . giocherebbero
2 . . . . avessimo
3 . . . . avrebbe aiutato
4 . . . . Partiremo
5 . . . . amasse
6 . . . . Avrebbe scritto

Exercícios de italiano
RESPOSTAS

7 . . . . ditemelo
8 . . . . . . avessi (avessi avuto)
9 . . . . so (saprò)
10 . . . . si vendicheranno

IV.
A. 1 . . . . viene / usciamo
A. 2 . . . . verrà / usciremo
A. 3 . . . . . venisse / usciremmo
A. 4 . fosse venuto / saremmo usciti

B. 1 . . . . . . vi sbrigate / arrivate
B. 2 . . . vi sbrigherete / arriverete
B. 3 . . . . vi sbrigaste / arrivereste
B. 4 . . . . . . vi foste sbrigati (e) /
sareste arrivati(e)

C. 1 . . . . piange / tratti
C. 2 . . . . . . piangerà / tratterai
C. 3 . . . . piangerebbe / trattassi
C. 4 avrebbe pianto / avesse trattata

D. 1 . . . . studiamo / impariamo
D. 2 . . . studieremo / impareremo
D. 3 . . studiassimo / impareremmo
D. 4 . . . . . . avessimo studiato /
avremmo imparato

35. Pronomi relativi

I.
1 . . . . che (ogg. dir.)
2 . . . . che (sogg.)
3 . . . . che (sogg.)
4 . . . . che (ogg. dir.)
5 . . . . che (sogg.)
6 . . . . che (sogg.)
7 . . . . che (sogg.)
8 . . . . che (sogg.)
9 . . . . che (ogg. dir.)
10 . . . . che (ogg. dir.)

II.
1 . . . . di cui (della quale)
2 . . . . di cui (dei quali)
3 . . . . . . con cui (con il quale)
4 . . . . di cui (dei quali)
5 . . . . . . con cui (con le quali)
6 . . . . con cui (con i quali)
7 . . . . con cui (per cui)
(con le quali, per le quali)
8 . . . . per cui (per i quali)
9 . . . . di cui (della quale)
10 . . . . . . tra cui (tra le quali)

III.
1 . . . . di cui (delle quali)
2 . . . . che
3 . . . . che
4 . . . . che
5 . . . . che
6 . . . . in cui (nella quale) (dove)
7 . . . . . in cui (nel quale) (dove)
8 . . . . che
9 . . . . . . per cui (per la quale)
10 . . . . a cui (alle quali)

IV.
1 . . . . in cui (nella quale)
2 . . . . di cui (del quale)
3 . . . . che
4 . . . . . in cui (nel quale) (dove)
5 . . . . che
6 . . . . con cui (per cui)
(con le quali, per le quali)
7 . . . . a cui (al quale)
8 . . . . con cui (su cui)
(con il quale, sul quale)
9 . . . . da cui (dalla quale)
10 . . . . che

36. Passato remoto

I.
1. .... scoppiò
2. .... pensò
3. .... arrivarono
4. .... passò / fu
5. .... riuscì
6. .... segnò
7. .... vendè (vendette) / fuggì
8. .... ricevè (ricevette) / partì
9. ...... finirono / tornarono
10. .... chiamò

II.
1. .... scrisse
2. .... disse
3. .... rispose
4. .... si mise
5. .... si conobbero
6. .... si mise / seppe
7. .... chiese
8. .... sorrise
9. .... ebbero
10. .... fece

III.
1. .... chiuse / uscì
2. .... morse
3. .... picchiò
4. .... spensero
5. .... diede
6. .... distrusse
7. .... bevve
8. .... venne
9. .... guardò / vide
10. .... si mise / capì

37. Forma passiva

I.
1. .... è fatta
2. ...... è (viene) / proposta
3. ...... è portato / dottoressa
4. .... sono portati dal postino
5. ...... è (viene) suonato
6. ..... è stato servito da Vittorio
7. .. I biglietti sono stati controllati dai signori.
8. .... I problemi sono stati risolti dagli alunni.
9. .... La verità non è stata detta.
10. Da chi è stata detta questa bugia?

II.
1. ... La macchina sarà comprata (da noi).
2. .... Le case saranno costruite.
3. . I documenti saranno distribuiti.
4. .... La situazione sarà capita.
5. ... La decisione non sarà presa.
6. .. Non appena i risultati saranno stati ricevuti...
7. .... Quando il candidato sarà stato ammesso...
8. .... Dopo che la sala sarà stata pulita...
9. ...... Quando l'ultima risposta sarà stata data...
10. .... Non appena il pacco sarà stato spedito...

III.
1. ... Il discorso sarebbe preparato dai signori.
2. ... Il deputato sarebbe invitato dal ministro.
3. .. "La biancheria sarebbe stirata da te?"

4. Il pavimento non sarebbe pulito da nessuno.
5. ... "Da chi sarebbe capito?"
6. La conferma sarebbe stata data.
7. .. Il conto sarebbe stato trasferito all'estero.
8. ... L'esame sarebbe stato dato.
9. ... Un'altra linea aerea sarebbe stata scelta.
10. .. Il ladro sarebbe stato visto.

IV.
1. Le canzone antiche erano cantate.
2. ..Temi variegati erano composti.
3. Il natale era passato in famiglia.
4. ..... I giorni erano trascorsi in campagna.
5. .... Tutto il possibile era fatto.
6. .. Tanti soldi erano stati rubati.
7. ..... Tutti gli obbiettivi erano stati raggiunti
8. Tutti i lavori erano stati conclusi.
9. .. La parola finale era stata data dalla direttrice.
10. .Tutto era stato stato spiegato dal dottore.

V.
1. Pensiamo che il mare sia visitato di più (dai turisti).
2. ...... Vogliamo che i registi siano presentati.
3. ..... Spero che la situazione sia compresa.
4. .... Credono che tutte le regole possano essere ricordate.
5. .... È probabile che la proposta non sia accettata da lei.
6. ..... È impossibile che lui sia stato chiamato.

7. .. Crediamo che a questo punto la nuova legge sia stata letta da tutti.
8. .....Credo che gli assegni siano stati fatti da lui.
9. ...... Speriamo che i malati siano stati aiutati.
10. ... Non crediamo proprio che il posto sia stato lasciato

VI.
1. .... Se la ricerca fosse fatta...
2. Se gli errori fossero commentati...
3. .... Se l'origine del male fosse scoperta...
4. ...... Quando il percorso fosse completato...
5. ... Appena il film fosse visto...
6. ..... Se le copie fossero state conservate...
7. Se il posto fosse stato desiderato...
8. .Se il tema fosse stato sviluppato...
9. ..... Se gli altri nomi fossero stati inclusi nella lista......
10. .Se i libri fossero stati tradotti...

38. Discorso indiretto

I.
1. .... lo fa (lo farà) subito
2. .... è uscita tardissimo
3. ... .avrebbero fatto del loro meglio
4. .... vogliono la libertà
5. ...non avrebbero potuto aspettare
6. .... vorrebbe del vino
7. . sarebbero restati ma non potevano
8. .... sarei tornato (a)
9. .... ce ne andavamo
10. ...... .gli piacevano i dolci

Exercícios de italiano
RESPOSTAS

II.
1 . . . . eri stanca
2 . . . . . i suoi genitori partivano il giorno dopo
3 . . . . sarebbe partito solo
4 . . . . .avrebbe fatto il possibile
5 . è scesa (era scesa) in ascensore
6 . avrebbe preferito un altro lavoro
7 . . . . .voleva diventare medico
8 . . . . rientravano
9 . . . . . quando sarebbe tornato
10 . . . . perché lei aveva pianto

III.
1 . . . . . non si rendeva conto del suo sbaglio
2 . . . . . . come mai Claudia non era (fosse) ancora arrivata
3 . . . . . . come sarebbe stato il suo destino
4 . era possibile che lei non venisse
5 . . immaginava che loro avessero capito
6 . . . . scommettevano che loro avrebbero fatto la pace
7 . . . . .volevano il suo indirizzo
8 . . . . da dove venivano i miei genitori
9 . . . . sarebbe stato il suo (il mio) vestito
10 . . . . . . non capiva come lui fosse riuscito a farlo